住民行政の窓

増刊号

住民基本台帳法
関係法令対照表

はじめに

平素より「住民行政の窓」をご愛読賜り誠にありがとうございます。

令和元年五月三一日に公布された「情報通信技術の活用による行政手続等に係る関係者の利便性の向上並びに行政運営の簡素化及び効率化を図るための行政手続等における情報通信の技術の利用に関する法律等の一部を改正する法律」（令和元年法律第一六号。いわゆる「デジタル手続法」）により、「住民基本台帳法」（昭和四二年法律第八一号）等の一部改正・施行（一部、未施行分を含む。）がなされました。また、平成三一年四月一七日に公布された「住民基本台帳法施行令等の一部を改正する政令」（政令第一五二号）では、氏に変更があった者に係る旧氏の住民票への記載に関する事項等を定める改正が行われました。

このような状況を踏まえ、今回の「住民行政の窓」増刊号では、令和元年一二月一六日現在の内容として、住民基本台帳法、同法施行令、同法施行規則の各条文をそれぞれ整理するとともに、それらに関連する「住民基本台帳の一部の写しの閲覧並びに住民票の写し等及び除票の写し等の交付に関する省令」、「戸籍の附票の写し又は戸籍の附票の除票の写しの交付に関する省令」につきましても、整理・関連付けを行い、わかりやすい対照表といたしました。

この増刊号が、住民基本台帳事務に携わっておられる各地方公共団体関係者の皆様の必携書として、いささかなりともお役に立ちますれば、これに過ぎるものはございません。

最後になりましたが、貴重なご意見等をお寄せくださる読者の皆様に厚く御礼申し上げます。今後ともご指導ご叱正をいただきますよう、よろしくお願い申し上げます。

令和元年一二月

住民行政の窓　編集部

住民基本台帳法
関係法令対照表

※以下の省令については，略称としています。

○**住民票省令**

住民基本台帳の一部の写しの閲覧並びに住民票の写し等及び除票の写し等の交付に関する省令

○**戸籍の附票省令**

戸籍の附票の写し又は戸籍の附票の除票の写しの交付に関する省令

住民基本台帳法 関係法令対照表

※移動…法律・政令の根拠条文と省令の規定の順序がずれるもの。
※網掛け…デジタル手続法附則に定める経過措置による読替後のもの。

住民基本台帳法

目次

住民基本台帳法施行令

目次

・住民基本台帳法施行規則 ・住民票省令 ・戸籍の附票省令

第四章の三 外国人住民に関する特例（第三十条の四十五―第三十条の五十二）
第五章 雑則（第三十一条―第四十一条）
第六章 罰則（第四十二条―第五十三条）
附則

第一章　総則

（目的）
第一条 この法律は、市町村（特別区を含む。以下同じ。）において、住民の居住関係の公証、選挙人名簿の登録その他の住民に関する事務の処理の基礎とするとともに住民の住所に関する届出等の簡素化を図り、あわせて住民に関する記録の適正な管理を図るため、住民に関する記録を正確かつ統一的に行う住民基本台帳の制度を定め、もつて住民の利便を増進するとともに、国及び地方公共団体の行政の合理化に資することを目的とする。

第六章 氏に変更があつた者に関する特例（第三十条の十三・第三十条の十四）
第七章 外国人住民に関する特例（第三十条の十五―第三十条の二十一）
第八章 雑則（第三十一条―第三十五条）
附則

第一章　総則

（定義）
第一条 この政令において、「個人番号」、「国民健康保険の被保険者」、「後期高齢者医療の被保険者」、「介護保険の被保険者」、「国民年金の被保険者」、「児童手当の支給を受けている者」、「住民票コード」、「除票」、「転出」、「戸籍の附票の除票」、「転入」、「転居」又は「外国人住民」とは、それぞれ住民基本台帳法（以下「法」という。）第七条第八号の二、第十号から第十一号の二まで若しくは第十三号、第十五条の二第一項、第十五条の三第一項、第二

（国及び都道府県の責務）

第二条　国及び都道府県は、市町村の住民の住所又は世帯若しくは世帯主の変更及びこれらに伴う住民の権利又は義務の異動その他の住民としての地位の変更に関する市町村長（特別区の区長を含む。以下同じ。）その他の市町村の執行機関に対する届出その他の行為（次条第三項及び第二十一条の四において「住民としての地位の変更に関する届出」と総称する。）が全て一の行為により行われ、かつ、住民に関する事務の処理が全て住民基本台帳に基づいて行われるように、法制上その他必要な措置を講じなければならない。

（市町村長等の責務）

第三条　市町村長は、常に、住民基本台帳を整備し、住民に関する正確な記録が行われるように努めるとともに、住民に関する記録の管理が適正に行われるように必要な措置を講ずるよう努めなければならない。

2　市町村長その他の市町村の執行機関は、住民基本台帳に基づいて住民に関する事務を管理し、又は執行するとともに、住民からの届出その他の行為に関する事務の処理の合理化に努めなけ

十一条第一項、第二十二条第一項、第二十三条又は法第三十条の四十五に規定する個人番号、国民健康保険の被保険者、後期高齢者医療の被保険者、介護保険の被保険者、国民年金の被保険者、児童手当の支給を受けている者、住民票コード、除票、転出、戸籍の附票の除票、転入、転居又は外国人住民をいう。

ればならない。

3　住民は、常に、住民としての地位の変更に関する届出を正確に行うように努めなければならず、虚偽の届出その他住民基本台帳の正確性を阻害するような行為をしてはならない。

4　何人も、第十一条第一項に規定する住民基本台帳の一部の写しの閲覧又は第十二条第一項に規定する住民票の写し若しくは住民票記載事項証明書、第十五条の四第一項に規定する除票の写し若しくは除票記載事項証明書、第二十条第一項に規定する戸籍の附票の写し、第二十一条の三第一項に規定する戸籍の附票の除票の写しその他のこの法律の規定により交付される書類の交付により知り得た事項を使用するに当たつて、個人の基本的人権を尊重するよう努めなければならない。

（住民の住所に関する法令の規定の解釈）

第四条　住民の住所に関する法令の規定は、地方自治法（昭和二十二年法律第六十七号）第十条第一項に規定する住民の住所と異なる意義の住所を定めるものと解釈してはならない。

第二章　住民基本台帳

（住民基本台帳の備付け）

第五条　市町村は、住民基本台帳を備え、その住民につき、第七条及び第三十条の四十五の規定により記載をすべきものとされる事項を記録するものとする。

（住民基本台帳の作成）

第六条　市町村長は、個人を単位とする住民票を世帯ごとに編成して、住民基本台帳を作成しなければならない。

2　市町村長は、適当であると認めるときは、前項の住民票の全部又は一部につき世帯を単位とすることができる。

3　市町村長は、政令で定めるところにより、第一項の住民票を磁気ディスク（これに準ずる方法により一定の事項を確実に記録しておくことができる物を含む。以下同じ。）をもつて調製することができる。

（住民票の記載事項）

第七条　住民票には、次に掲げる事項について記載（前条第三項の規定により磁気ディスクをもつて調製する住民票にあつては、記録。以下同じ。）をする。

第二章　住民基本台帳

（住民票を磁気ディスクをもつて調製する場合の方法及び基準）

第二条　市町村長（特別区の区長を含む。以下同じ。）は、法第六条第三項の規定により住民票を磁気ディスク（これに準ずる方法により一定の事項を確実に記録しておくことができる物を含む。以下同じ。）をもつて調製する場合には、電子計算機（入出力装置を含む。以下同じ。）（電子計算機による方法に準ずる方法により一定の事項を確実に記録しておくことができる機器を含む。以下同じ。）の操作によるものとし、

一 氏名
二 出生の年月日
三 男女の別
四 世帯主についてはその旨、世帯主でない者については世帯主の氏名及び世帯主との続柄
五 戸籍の表示。ただし、本籍のない者及び本籍の明らかでない者については、その旨
六 住民となつた年月日
七 住所及び一の市町村の区域内において新たに住所を変更した者については、その住所を定めた年月日
八 新たに市町村の区域内に住所を定めた者については、その住所を定めた旨の届出の年月日（職権で住民票の記載をした者については、その年月日）及び従前の住所
八の二 個人番号（行政手続における特定の個人を識別するための番号の利用等に関する法律（平成二十五年法律第二十七号。以下「番号利用法」という。）第二条第五項に規定する個人番号をいう。以下同じ。）
九 選挙人名簿に登録された者については、その旨
十 国民健康保険の被保険者（国民健康保険法（昭和三十三年法律第百九

磁気ディスクへの記録、その利用並びに磁気ディスク及びこれに関連する施設又は設備の管理の方法に関する技術的基準については、総務大臣が定める。

（国民健康保険の被保険者の資格に関する住民票の記載事項）

十二号）第五条及び第六条の規定による国民健康保険の被保険者をいう。第二十八条及び第三十一条第三項において同じ。）である者については、その資格に関する事項で政令で定めるもの

十の二　後期高齢者医療の被保険者（高齢者の医療の確保に関する法律（昭和五十七年法律第八十号）第五十条及び第五十一条の規定による後期高齢者医療の被保険者をいう。第二十八条の二及び第三十一条第三項において同じ。）である者については、その資格に関する事項で政令で定めるもの

十の三　介護保険の被保険者（介護保険法（平成九年法律第百二十三号）第九条の規定による介護保険の被保険者（同条第二号に規定する第二号被保険者を除く。）をいう。第二十八条の三及び第三十一条第三項において同じ。）である者については、その資格に関する事項で政令で定めるもの

十一　国民年金の被保険者（国民年金法（昭和三十四年法律第百四十一号）第七条その他政令で定める法令の規定による国民年金の被保険者

第三条　法第七条第十号に規定する国民健康保険の被保険者の資格に関する事項で政令で定めるものは、その資格を取得し、又は喪失した年月日とする。

（後期高齢者医療の被保険者の資格に関する住民票の記載事項）

第三条の二　法第七条第十号の二に規定する後期高齢者医療の被保険者の資格に関する事項で政令で定めるものは、その資格を取得し、又は喪失した年月日とする。

（介護保険の被保険者の資格に関する住民票の記載事項）

第三条の三　法第七条第十号の三に規定する介護保険の被保険者の資格に関する事項で政令で定めるものは、介護保険の被保険者となり、又は介護保険の被保険者でなくなつた年月日とする。

（国民年金の被保険者の範囲に関する法令の規定）

第四条　法第七条第十一号に規定する政令で定める法令の規定は、国民年金法

（同条第一項第二号に規定する第二号被保険者及び同項第三号に規定する第三号被保険者を除く。）をいう。第二十九条及び第三十一条第三項において同じ。）である者については、その資格に関する事項で政令で定めるもの

十一の二 児童手当の支給を受けている者（児童手当法（昭和四十六年法律第七十三号）第七条の規定により認定を受けた受給資格者（同条第二項に規定する施設等受給資格者にあ

（昭和三十四年法律第百四十一号）附則第五条の規定とする。

（国民年金の被保険者の資格に関する住民票の記載事項）

第五条 法第七条第十一号に規定する国民年金の被保険者の資格に関する事項で政令で定めるものは、次に掲げる事項とする。

一 国民年金の被保険者となり、又は国民年金の被保険者でなくなつた年月日

二 国民年金の被保険者の種別（国民年金法第七条第一項第一号に規定する第一号被保険者又は前条に規定する法令の規定による国民年金の被保険者のいずれであるかの区別をいう。以下同じ。）及びその変更があつた年月日

三 基礎年金番号（国民年金法第十四条に規定する基礎年金番号をいう。以下同じ。）

（児童手当の支給を受けている者の受給資格に関する住民票の記載事項）

第六条 法第七条第十一号の二に規定する児童手当の支給を受けている者の受給資格に関する事項で政令で定めるも

つては、同項第二号に掲げる里親に限る。）をいう。第二十九条の二及び第三十一条第三項において同じ。）については、その受給資格に関する事項で政令で定めるもの

十二　米穀の配給を受ける者（主要食糧の需給及び価格の安定に関する法律（平成六年法律第百十三号）第四十条第一項の規定に基づく政令の規定により米穀の配給が実施される場合におけるその配給に基づき米穀の配給を受ける者で政令で定めるものをいう。第三十条及び第三十一条第三項において同じ。）については、その米穀の配給に関する事項で**政令で定めるもの**

十三　住民票コード（番号、記号その他の符号であつて総務省令で定めるものをいう。以下同じ。）

のは、児童手当の支給が始まり、又は終わつた年月とする。

（住民票コード）

第一条　住民基本台帳法（昭和四十二年法律第八十一号。以下「法」という。）第七条第十三号に規定する住民票コードは、次に掲げる数字をその順序により組み合わせて定めるものとする。

一　無作為に作成された十けたの数字

二　一けたの検査数字（住民票コードを電子計算機に入力するときの誤りを検出することを目的として、総務大臣が定める算式により算出される数字をいう。）

十四 前各号に掲げる事項のほか、政令で定める事項

（住民票の記載等）

第八条 住民票の記載、消除又は記載の修正（第十八条を除き、以下「記載等」という。）は、第三十条の三第一項及び第二項、第三十条の四第三項並びに第三十条の五の規定によるほか、政令で定めるところにより、第四章若しくは第四章の三の規定による届出に基づき、又は職権で行うものとする。

（法第七条第十四号の政令で定める事項）

第六条の二 法第七条第十四号に規定する政令で定める事項は、住民の福祉の増進に資する事項のうち、市町村長が住民に関する事務を管理し及び執行するために住民票に記載することが必要であると認めるものとする。

（住民票の記載）

第七条 市町村長は、新たに市町村（特別区を含む。以下同じ。）の区域内に住所を定めた者その他新たにその市町村の住民基本台帳に記録されるべき者があるときは、次項に定める場合を除き、その者の住民票を作成しなければならない。

2 市町村長は、一の世帯につき世帯を単位とする住民票を作成した後に新たにその市町村の住民基本台帳に記録されるべき者でその世帯に属することとなつたもの（既に当該世帯に属していた者で新たに法の適用を受けることとなつたものを含む。）があるときは、その住民票にその者に関する記載（法第六条第三項の規定により磁気ディスクをもつて調製する住民票にあつては、

記録。以下同じ。）をしなければならない。

（住民票の消除）

第八条 市町村長は、その市町村の住民基本台帳に記録されている者が転出をし、又は死亡したときその他その者についてその市町村の住民基本台帳の記録から除くべき事由が生じたときは、その者の住民票（その者が属していた世帯について世帯を単位とする住民票が作成されていた場合にあつては、その住民票の全部又は一部）を消除しなければならない。

（日本の国籍の取得又は喪失による住民票の記載及び消除）

第八条の二 市町村長は、その市町村の住民基本台帳に記録されている日本の国籍を有しない者が日本の国籍の取得をしたときは、その者の法第七条各号に掲げる事項を記載した住民票（次項において「日本人住民としての住民票」という。）を作成し、又はその属する世帯の住民票にその者に関する同条各号に掲げる事項の記載をするとともに、その者の法第三十条の四十五の規定により記載をするものとされる事項を記載した住民票（次項において「外国人住民としての住民票」という。）（その者が属する世帯について世帯を単位とする住民票が作成されている場合にあつては、その住民票の全部又は一部）の消除をしなければならない。

2　市町村長は、その市町村の住民基本台帳に記録されている日本の国籍を有する者が日本の国籍を失つたときは、その者の外国人住民としての住民票を作成し、又はその属する世帯の住民票にその者に関する法第三十条の四十五の規定により記載をするものとされる事項の記載をするとともに、その者の日本人住民としての住民票（その者が属する世帯について世帯を単位とする住民票が作成されている場合にあつては、その住民票の全部又は一部）の消除をしなければならない。

（住民票の記載の修正）

第九条　市町村長は、住民票に記載されている事項（住民票コードを除く。）に変更があつたときは、その住民票の記載の修正をしなければならない。

（転居又は世帯変更による住民票の記

載及び消除)

第十条 市町村長は、転居をし、又はその市町村の区域内においてその属する世帯を変更した者がある場合において、前条の規定によるほか必要があるときは、その者の住民票を作成し、又はその属することとなつた世帯の住民票にその者に関する記載をするとともに、その者の住民票(その者が属していた世帯について世帯を単位とする住民票が作成されていた場合にあつては、その住民票の全部又は一部)の消除をしなければならない。

(届出に基づく住民票の記載等)

第十一条 市町村長は、法第四章又は第四章の三の規定による届出があつたときは、当該届出の内容が事実であるかどうかを審査して、第七条から前条までの規定による住民票の記載、消除又は記載の修正(以下「記載等」という。)を行わなければならない。

(職権による住民票の記載等)

第十二条 市町村長は、法第四章又は第四章の三の規定による届出に基づき住民票の記載等をすべき場合において、当該届出がないことを知つたときは、当該記載等をすべき事実を確認して、職権で、第七条から第十条までの規定による住民票の記載等をしなければならない。

2　市町村長は、次に掲げる場合において、第七条から第十条までの規定により住民票の記載等をすべき事由に該当するときは、職権で、これらの規定による住民票の記載等をしなければならない。

一　戸籍に関する届書、申請書その他の書類を受理し、若しくは職権で戸籍の記載若しくは記録をしたとき、又は法第九条第二項の規定による通知を受けたとき。

一の二　行政手続における特定の個人を識別するための番号の利用等に関する法律（平成二十五年法律第二十七号。第二十四条の二第一項第三号及び第二項第三号において「番号利用法」という。）第七条第一項又は第二項の規定による個人番号の指定をしたとき。

二　法第十条の規定による通知を受けたとき。

三　国民健康保険法（昭和三十三年法律第百九十二号）第九条第一項又は第九項の規定による届出を受理した

とき（同条第十四項の規定により届出があつたものとみなされるときを除く。）その他国民健康保険の被保険者の資格の取得又は喪失に関する事実を確認したとき。

三の二　後期高齢者医療の被保険者の資格の取得又は喪失に関する事実を確認したとき。

三の三　介護保険法（平成九年法律第百二十三号）第十二条第一項本文の規定による届出を受理したとき（同条第五項の規定により届出があつたものとみなされるときを除く。）その他介護保険の被保険者となり、又は介護保険の被保険者でなくなつた事実を確認したとき。

四　国民年金法第十二条第一項若しくは第二項又は第百五条第四項の規定による届出を受理したとき（同法第十二条第三項の規定により届出があつたものとみなされるときを除く。）、国民年金の被保険者の資格に関する処分があつたときその他国民年金の被保険者となり、若しくは国民年金の被保険者でなくなつた事実又は国民年金の被保険者の種別の変更に関する事実を確認したとき。

五　児童手当法（昭和四十六年法律第

七十三号）第七条の規定による認定をしたとき、又は児童手当を支給すべき事由の消滅に関する事実を確認したとき。
六　次に掲げる不服申立てについての裁決若しくは決定その他決定又は訴訟の判決の内容が住民基本台帳の記録と異なるとき。
イ　法の規定により市町村長がした処分に係る審査請求についての裁決又は当該処分についての訴訟の確定判決
ロ　法第三十三条第二項の規定による住民の住所の認定に関する決定又は同条第四項の規定による訴訟の確定判決
ハ　公職選挙法（昭和二十五年法律第百号）第二十四条第二項の規定による異議の申出についての決定又は同法第二十五条の規定による訴訟の確定判決
ニ　地方税法（昭和二十五年法律第二百二十六号）第十九条に規定する審査請求についての裁決又は同条の処分についての訴訟の確定判決
ホ　国民健康保険法第九十一条第一項の規定による審査請求について

の裁決又は同項の処分についての訴訟の確定判決

へ　高齢者の医療の確保に関する法律（昭和五十七年法律第八十号）第百二十八条第一項の規定による審査請求についての裁決又は同項の処分についての訴訟の確定判決

ト　介護保険法第百八十三条第一項の規定による審査請求についての裁決又は同項の処分についての訴訟の確定判決

チ　国民年金法第百一条第一項の規定による審査請求についての決定若しくは再審査請求についての裁決又は同項の処分についての訴訟の確定判決

七　行政区画、郡、区、市町村内の町若しくは字若しくはこれらの名称の変更、地番の変更又は住居表示に関する法律（昭和三十七年法律第百十九号）第三条第一項及び第二項若しくは第四条の規定による住居表示の実施若しくは変更に伴い住所の表示の変更があつたとき。

3　市町村長は、住民基本台帳に脱漏若しくは誤載があり、又は住民票に誤記（住民票コードに係る誤記を除く。）若しくは記載漏れ（住民票コードに係る記載漏れを除く。）があることを知つたときは、当該事実を確認して、職権で、住民票の記載等をしなければならない。

4　市町村長は、第一項の規定により住民票の記載等をしたときは、その旨を当該記載等に係る者に通知しなければならない。この場合において、通知を受けるべき者の住所及び居所が明らかでないときその他通知をすることが困難であると認めるときは、その通知に代えて、その旨を公示することができる。

（住民票の消除に関する手続）

第十三条　市町村長は、住民票を消除したときは、その事由（転出の場合にあつては、転出により消除した旨及び転出先の住所）及びその事由の生じた年月日（法第二十四条の二第一項に規定する転出届（以下「転出届」という。）に基づき住民票を消除した場合にあつては、転出の予定年月日）をその消除した住民票に記載（法第十五条の二第二項の規定により磁気ディスクをもつて調製する消除した住民票にあつては、記録。次項及び第十七条第一号において同じ。）をしなければならない。

（住民票の記載等のための市町村長間の通知）

第九条 市町村長は、他の市町村から当該市町村の区域内に住所を変更した者につき住民票の記載をしたときは、遅滞なく、その旨を当該他の市町村の市町村長に通知しなければならない。

2 法第九条第一項の規定による通知を受けた市町村長は、当該通知に係る消除した住民票に転出をした旨の記載をするとともに、前項の規定により当該消除した住民票に記載をした転出先の住所が当該通知に係る住民票に記載をされた住所と異なるときは、当該転出先の住所を訂正しなければならない。

3 法第九条第一項の規定による通知を受けた市町村長は、その旨を都道府県知事に通知しなければならない。

4 前項の規定による通知は、総務省令で定めるところにより、市町村長の使用に係る電子計算機から電気通信回線を通じて都道府県知事の使用に係る電子計算機に送信することによつて行うものとする。

（住民票を消除する場合の通知の方法）

移動

第三条 住民基本台帳法施行令（昭和四十二年政令第二百九十二号。以下「令」という。）第十三条第四項の規定による通知は、電子計算機の操作によるものとし、電気通信回線を通じた送信の方法に関する技術的基準については、総務大臣が定める。

2　市町村長は、その市町村の住民以外の者について戸籍に関する届書、申請書その他の書類を受理し、又は職権で戸籍の記載若しくは記録をした場合において、その者の住所地で住民票の記載等をすべきときは、遅滞なく、当該記載等をすべき事項をその住所地の市町村長に通知しなければならない。

3　第一項の規定による通知は、総務省令で定めるところにより、市町村長の使用に係る電子計算機（入出力装置を含む。以下同じ。）から電気通信回線を通じて相手方である他の市町村の市町村長の使用に係る電子計算機に送信することによつて行うものとする。ただし、総務省令で定める場合にあつては、この限りでない。

（選挙人名簿の登録等に関する選挙管理委員会の通知）

第十条　市町村の選挙管理委員会は、公職選挙法（昭和二十五年法律第百号）第二十二条第一項若しくは第三項、第

（転入通知の方法）

第二条　法第九条第三項の規定による通知は、電子計算機（入出力装置を含む。以下同じ。）（電子計算機による方法に準ずる方法により一定の事項を確実に記録しておくことができる機器を含む。以下同じ。）の操作によるものとし、電気通信回線を通じた送信の方法に関する技術的基準については、総務大臣が定める。

2　法第九条第三項に規定する総務省令で定める場合は、電気通信回線の故障その他の事由により電気通信回線を通じた送信ができない場合とする。

二十四条第二項若しくは第二十六条の規定により選挙人名簿に登録したとき、又は同項若しくは同法第二十八条の規定により選挙人名簿から抹消したときは、遅滞なく、その旨を当該市町村の市町村長に通知しなければならない。

（住民票の改製）

第十条の二　市町村長は、必要があると認めるときは、住民票を改製することができる。

（国又は地方公共団体の機関の請求による住民基本台帳の一部の写しの閲覧）

第十一条　国又は地方公共団体の機関は、法令で定める事務の遂行のために必要である場合には、市町村長に対し、当該市町村が備える住民基本台帳のうち第七条第一号から第三号まで及び第七号に掲げる事項（同号に掲げる事項に

（住民票の改製に関する手続）

第十三条の二　市町村長は、住民票を改製する場合には、当該住民票の消除前又は修正前の記載の移記を省略することができる。

2　市町村長は、住民票を改製したときは、その旨及びその年月日をその改製前の住民票に記載（法第十五条の二第二項の規定により磁気ディスクをもつて調製する改製前の住民票にあつては、記録）をしなければならない。

（住民基本台帳の一部の写しの作成等）

第十四条　市町村長は、法第十一条第一項に規定する住民基本台帳の一部の写しを作成するとともに、その内容に変更を生じたときは、市町村長の定めるところにより、これを速やかに改製し、又は修正しなければならない。

ついては、住所とする。以下この項において同じ。）に係る部分の写し（第六条第三項の規定により磁気ディスクをもつて住民票を調製することにより住民基本台帳を作成している市町村にあつては、当該住民基本台帳に記録されている事項のうち第七条第一号から第三号まで及び第七号に掲げる事項を記載した書類。以下この条、次条及び第五十条において「住民基本台帳の一部の写し」という。）を当該国又は地方公共団体の機関の職員で当該国又は地方公共団体の機関が指定するものに閲覧させることを請求することができる。

2　前項の規定による請求は、総務省令で定めるところにより、次に掲げる事項を明らかにしてしなければならない。

一　当該請求をする国又は地方公共団体の機関の名称

二　請求事由（当該請求が犯罪捜査に関するものその他特別の事情により請求事由を明らかにすることが事務の性質上困難であるもの（次項において「犯罪捜査等のための請求」という。）にあつては、法令で定める事務の遂行のために必要である旨及びその根拠となる法令の名称）

（住民基本台帳の一部の写しの閲覧の請求の手続及び請求につき明らかにしなければならない事項）

第一条　住民基本台帳法（以下「法」という。）第十一条第一項の規定による住民基本台帳の一部の写しの閲覧の請求は、同条第二項各号及び次項各号に掲げる事項を明らかにする公文書を提出してしなければならない。

三　住民基本台帳の一部の写しを閲覧する者の職名及び氏名
四　前三号に掲げるもののほか、総務省令で定める事項

3　市町村長は、毎年少なくとも一回、第一項の規定による請求に係る住民基本台帳の一部の写しの閲覧（犯罪捜査等のための請求に係るものを除く。）の状況について、当該請求をした国又は地方公共団体の機関の名称、請求事由の概要その他総務省令で定める事項を公表するものとする。

（個人又は法人の申出による住民基本台帳の一部の写しの閲覧）

2　法第十一条第二項第四号に規定する総務省令で定める事項は、次に掲げる事項とする。
一　請求に係る住民の範囲
二　事務の責任者の職名及び氏名
三　法第十一条第二項第二号に規定する犯罪捜査等のための請求である場合にあつては、請求事由を明らかにすることが事務の性質上困難である理由
3　閲覧者が住民基本台帳の一部の写しを閲覧するに当たつては、国又は地方公共団体の職員たる身分を示す証明書を提示しなければならない。

（法第十一条第三項及び法第十一条の二第十二項に規定する総務省令で定める事項） 移動

第三条　法第十一条第三項及び法第十一条の二第十二項に規定する総務省令で定める事項は、次に掲げる事項とする。
一　閲覧の年月日
二　閲覧に係る住民の範囲

第十一条の二 市町村長は、次に掲げる活動を行うために住民基本台帳の一部の写しを閲覧することが必要である旨の申出があり、かつ、当該申出を相当と認めるときは、当該申出を行う者（以下この条及び第五十条において「申出者」という。）が個人の場合にあつては当該申出者又はその指定する者に、当該申出者が法人（法人でない団体で代表者又は管理人の定めのあるものを含む。以下この条及び第十二条の三第四項において同じ。）の場合にあつては当該法人の役職員又は構成員（他の法人と共同して申出をする場合にあつては、当該他の法人の役職員又は構成員を含む。）で当該法人が指定するものに、その活動に必要な限度において、住民基本台帳の一部の写しを閲覧させることができる。

一 統計調査、世論調査、学術研究その他の調査研究のうち、総務大臣が定める基準に照らして公益性が高いと認められるものの実施

二 公共的団体が行う地域住民の福祉の向上に寄与する活動のうち、公益性が高いと認められるものの実施

三 営利以外の目的で行う居住関係の確認のうち、訴訟の提起その他特別

の事情による居住関係の確認として市町村長が定めるものの実施

2 前項の申出は、総務省令で定めるところにより、次に掲げる事項を明らかにしてしなければならない。

一 申出者の氏名及び住所（申出者が法人の場合にあつては、その名称、代表者又は管理人の氏名及び主たる事務所の所在地）

二 住民基本台帳の一部の写しの閲覧により知り得た事項（以下この条及び第五十条において「閲覧事項」という。）の利用の目的

三 住民基本台帳の一部の写しを閲覧する者（以下この条及び第五十条において「閲覧者」という。）の氏名及び住所

四 閲覧事項の管理の方法

五 申出者が法人の場合にあつては、当該法人の役職員又は構成員のうち閲覧事項を取り扱う者の範囲

六 前項第一号に掲げる活動に係る申出の場合にあつては、調査研究の成果の取扱い

七 前各号に掲げるもののほか、総務省令で定める事項

（住民基本台帳の一部の写しの閲覧の申出の手続及び申出につき明らかにしなければならない事項等）

第二条 法第十一条の二第一項の規定による住民基本台帳の一部の写しの閲覧の申出は、同条第二項各号及び次項各号に掲げる事項を明らかにするため市町村長（特別区にあつては区長、地方自治法（昭和二十二年法律第六十七号）第二百五十二条の十九第一項の指定都市にあつては区長又は総合区長。以下同じ。）が適当と認める書類を提出してしなければならない。

2 法第十一条の二第二項第七号に規定する総務省令で定める事項は、次に掲げる事項とする。

一 申出に係る住民の範囲

二　活動の責任者の氏名及び住所（申出者が法人の場合にあつては、当該責任者の役職名及び氏名）

三　調査研究の実施体制

四　委託を受けて住民基本台帳の一部の写しの閲覧の申出を行う場合にあつては、委託者の氏名又は名称及び住所

3　閲覧者が住民基本台帳の一部の写しを閲覧するに当たつては、次に掲げるいずれかの書類を提示しなければならない。

一　行政手続における特定の個人を識別するための番号の利用等に関する法律（平成二十五年法律第二十七号）第二条第七項に規定する個人番号カード又は旅券、運転免許証その他官公署が発行した免許証、許可証若しくは資格証明書等（本人の写真が貼付されたものに限る。以下「個人番号カード等」という。）であつて閲覧者が本人であることを確認するため市町村長が適当と認める書類

二　閲覧者が本人であることを確認するため、郵便その他市町村長が適当と認める方法により当該閲覧者に対して文書で照会したその回答書及び市町村長が適当と認める書類

3　個人である申出者は、前項第二号に掲げる利用の目的（以下この条及び第五十条において「利用目的」という。）を達成するために当該申出者及び閲覧者以外の者に閲覧事項を取り扱わせることが必要な場合には、第一項の申出をする際に、その旨並びに閲覧事項を取り扱う者として当該申出者が指定する者の氏名及び住所をその市町村長に申し出ることができる。

4　前項の規定による申出を受けた市町村長は、当該申出に相当な理由があると認めるときは、その申出を承認することができる。この場合において、当該承認を受けた申出者は、当該申出者が指定した者（当該承認を受けた者に限る。以下この条及び第五十条において「個人閲覧事項取扱者」という。）にその閲覧事項を取り扱わせることができる。

5　法人である申出者は、閲覧者及び第二項第五号に掲げる範囲に属する者のうち当該申出者が指定するもの（以下この条及び第五十条において「法人閲覧事項取扱者」という。）以外の者にその閲覧事項を取り扱わせてはならない。

6　申出者は、閲覧者、個人閲覧事項取扱者又は法人閲覧事項取扱者による閲覧事項の漏えいの防止その他の閲覧事項の適切な管理のために必要な措置を講じなければならない。

7　申出者、閲覧者、個人閲覧事項取扱者又は法人閲覧事項取扱者は、本人の事前の同意を得ないで、当該閲覧事項を利用目的以外の目的のために利用し、又は当該閲覧事項に係る申出者、閲覧者、個人閲覧事項取扱者及び法人閲覧事項取扱者以外の者に提供してはならない。

8　市町村長は、閲覧者若しくは申出者が偽りその他不正の手段により第一項の規定による住民基本台帳の一部の写しの閲覧をし、若しくはさせた場合又は申出者、閲覧者、個人閲覧事項取扱者若しくは法人閲覧事項取扱者が前項の規定に違反した場合において、個人の権利利益を保護するため必要があると認めるときは、当該閲覧事項に係る申出者、当該閲覧をし、若しくはさせた者又は当該違反行為をした者に対し、当該閲覧事項が利用目的以外の目的で利用され、又は当該閲覧事項に係る申出者、閲覧者、個人閲覧事項取扱者及び法人閲覧事項取扱者以外の者に提供されないようにするための措置を講ずることを勧告することができる。

9　市町村長は、前項の規定による勧告を受けた者が正当な理由がなくてその勧告に係る措置を講じなかつた場合において、個人の権利利益が不当に侵害されるおそれがあると認めるときは、その者に対し、その勧告に係る措置を講ずることを命ずることができる。

10　市町村長は、前二項の規定にかかわらず、閲覧者若しくは申出者が偽りその他不正の手段により第一項の規定による住民基本台帳の一部の写しの閲覧をし、若しくはさせた場合又は申出者、閲覧者、個人閲覧事項取扱者若しくは法人閲覧事項取扱者が第七項の規定に違反した場合において、個人の権利利益が不当に侵害されることを防止するため特に措置を講ずる必要があると認めるときは、当該閲覧事項に係る申出者、当該閲覧をし、若しくはさせた者又は当該違反行為をした者に対し、当該閲覧事項が利用目的以外の目的で利用され、又は当該閲覧事項に係る申出者、閲覧者、個人閲覧事項取扱者及び法人閲覧事項取扱者以外の者に提供されないようにするための措置を講ずることを命ずることができる。

11　市町村長は、この条の規定の施行に必要な限度において、申出者に対し、必要な報告をさせることができる。

12　市町村長は、毎年少なくとも一回、第一項の申出に係る住民基本台帳の一部の写しの閲覧（同項第三号に掲げる活動に係るものを除く。）の状況について、申出者の氏名（申出者が法人の場合にあつては、その名称及び代表者又は管理人の氏名）、利用目的の概要その他総務省令で定める事項を公表するものとする。

（本人等の請求による住民票の写し等の交付）

第十二条　市町村が備える住民基本台帳に記録されている者（当該市町村の市町村長がその者が属していた世帯について世帯を単位とする住民票を作成している場合にあつては、当該住民票から除かれた者（その者に係る全部の記載が市町村長の過誤によつてされ、かつ、当該記載が消除された者を除く。）を含む。次条第一項において同じ。）は、当該市町村の市町村長に対し、自己又は自己と同一の世帯に属する者に係る住民票の写し（第六条第三項の規定により磁気ディスクをもつて住民票

（住民票の写しを交付する場合の記載）

第十五条　市町村長は、法第十二条第一項、第十二条の二第一項又は第十二条の三第一項若しくは第二項の規定により住民票の写し（法第六条第三項の規定により磁気ディスクをもつて住民票を調製している市町村にあつては、当該住民票に記録されている事項を記載した書類。以下第十五条の四までにおいて同じ。）を交付する場合には、当該住民票の写しの末尾に原本と相違ない旨を記載しなければならない。

を調製している市町村にあつては、当該住民票に記録されている事項を記載した書類。以下同じ。）又は住民票に記載をした事項に関する証明書（以下「住民票記載事項証明書」という。）の交付を請求することができる。

2　前項の規定による請求は、総務省令で定めるところにより、次に掲げる事項を明らかにしてしなければならない。

一　当該請求をする者の氏名及び住所

二　現に請求の任に当たつている者が、請求をする者の代理人であるときその他請求をする者と異なる者であるときは、当該請求の任に当たつている者の氏名及び住所

三　当該請求の対象とする者の氏名

四　前三号に掲げるもののほか、総務省令で定める事項

（本人等の住民票の写し等の交付の請求の手続及び請求につき明らかにしなければならない事項）

第四条　法第十二条第一項の規定による住民票の写し（法第六条第三項の規定により磁気ディスクをもつて住民票を調製している市町村（特別区を含む。）にあつては、当該住民票に記録されている事項を記載した書類）又は法第十二条第一項に規定する住民票記載事項証明書（以下「住民票の写し等」という。）の交付の請求は、同条第二項各号及び次項各号に掲げる事項を明らかにするため市町村長が適当と認める書類を提出してしなければならない。

2　法第十二条第二項第四号に規定する総務省令で定める事項は、次に掲げる事項とする。

一　配偶者からの暴力の防止及び被害者の保護等に関する法律（平成十三年法律第三十一号）第一条第二項に規定する被害者のうち更なる暴力に

3 第一項の規定による請求をする場合において、現に請求の任に当たつている者は、市町村長に対し、個人番号カード（番号利用法第二条第七項に規定する個人番号カードをいう。以下同じ。）を提示する方法その他の総務省令で定める方法により、当該請求の任に当たつている者が本人であることを明らかにしなければならない。

よりその生命又は身体に危害を受けるおそれがあるものに係る請求である場合その他市町村長が法第十二条第六項の規定に基づき請求を拒むかどうか判断するため特に必要があると認める場合にあつては、請求事由

二 法第十二条第七項の規定に基づき住民票の写し等の送付を求める場合において、請求をする者の住所以外の場所に送付することを求めるときは、その理由及び送付すべき場所

（本人等の住民票の写し等の交付の請求につき請求の任に当たつている者が本人であることを明らかにする方法）

第五条 法第十二条第三項に規定する総務省令で定める方法は、次のいずれかの方法とする。

一 個人番号カード等であつて現に請求の任に当たつている者が本人であることを確認するため市町村長が適当と認める書類を提示する方法

二 前号の書類をやむを得ない理由により提示することができない場合にあつては、現に請求の任に当たつている者が本人であることを確認するため市町村長が適当と認める書類を提示し、若しくは提出する方法又は

4　前項の場合において、現に請求の任に当たつている者が、請求をする者の代理人であるときその他請求をする者と異なる者であるときは、当該請求の任に当たつている者は、市町村長に対し、総務省令で定める方法により、請求をする者の依頼により又は法令の規定により当該請求の任に当たるものであることを明らかにする書類を提示し、又は提出しなければならない。

現に請求の任に当たつている者が本人であることを説明させる方法その他の市町村長が前号に準ずるものとして適当と認める方法

三　法第十二条第七項の規定に基づき住民票の写し等の送付を求める場合にあつては、第一号又は前号の書類の写しを送付し、現に請求の任に当たつている者の住所を送付すべき場所に指定する方法その他の市町村長が前二号に準ずるものとして適当と認める方法

（本人等の住民票の写し等の交付の請求につき請求をする者の代理人等が権限を明らかにする方法）

第六条　法第十二条第四項に規定する総務省令で定める方法は、次のいずれかの方法とする。この場合において、市町村長が必要と認めるときは、請求をする者が本人であるかどうかの確認をするため必要な事項を示す書類の提示又は提出を求めるものとする。

一　現に請求の任に当たつている者が法定代理人の場合にあつては、戸籍謄本その他その資格を証明する書類を提示し、又は提出する方法

二　現に請求の任に当たつている者が

5　市町村長は、特別の請求がない限り、第一項に規定する住民票の写しの交付の請求があつたときは、第七条第四号、第五号及び第八号の二から第十四号までに掲げる事項の全部又は一部の記載を省略した同項に規定する住民票の写しを交付することができる。

6　市町村長は、第一項の規定による請求が不当な目的によることが明らかなときは、これを拒むことができる。

7　第一項の規定による請求をしようとする者は、郵便その他の総務省令で定める方法により、同項に規定する住民票の写し又は住民票記載事項証明書の送付を求めることができる。

法定代理人以外の者である場合にあつては、委任状を提出する方法

三　前二号の書類をやむを得ない理由により提示し、又は提出することができない場合にあつては、請求をする者の依頼により又は法令の規定により当該請求の任に当たるものであることを説明する書類を提示し、又は提出させる方法その他の市町村長が前二号に準ずるものとして適当と認める方法

（住民票の写し等の送付を求める場合の方法）

第七条　法第十二条第七項、第十二条の二第五項及び第十二条の三第九項に規定する総務省令で定める方法は、次に掲げる方法とする。

（国又は地方公共団体の機関の請求による住民票の写し等の交付）

第十二条の二 国又は地方公共団体の機関は、法令で定める事務の遂行のために必要である場合には、市町村長に対し、当該市町村が備える住民基本台帳に記録されている者に係る住民票の写しで第七条第八号の二及び第十三号に掲げる事項の記載を省略したもの又は住民票記載事項証明書で同条第一号から第八号まで、第九号から第十二号まで及び第十四号に掲げる事項に関するものの交付を請求することができる。

2 前項の規定による請求は、総務省令で定めるところにより、次に掲げる事項を明らかにしてしなければならない。

一 当該請求をする国又は地方公共団体の機関の名称

二 現に請求の任に当たつている者の職名及び氏名

一 郵便

二 民間事業者による信書の送達に関する法律（平成十四年法律第九十九号）第二条第六項に規定する一般信書便事業者又は同条第九項に規定する特定信書便事業者による同条第二項に規定する信書便

（国又は地方公共団体の機関の住民票の写し等の交付の請求の手続及び請求につき明らかにしなければならない事項）

第八条 法第十二条の二第一項の規定による住民票の写し等の交付の請求は、同条第二項各号及び次項各号に掲げる

三　当該請求の対象とする者の氏名及び住所
四　請求事由（当該請求が犯罪捜査に関するものその他特別の事情により請求事由を明らかにすることが事務の性質上困難であるものにあつては、法令で定める事務の遂行のために必要である旨及びその根拠となる法令の名称）
五　前各号に掲げるもののほか、総務省令で定める事項

3　第一項の規定による請求をする場合において、現に請求の任に当たつている者は、市町村長に対し、国又は地方公共団体の機関の職員であることを示す書類を提示する方法その他の総務省事項を明らかにして、公文書を提出してしなければならない。

2　法第十二条の二第二項第五号に規定する総務省令で定める事項は、次に掲げる事項とする。
一　法第十二条の二第二項第四号に規定する犯罪捜査等のための請求である場合にあつては、請求事由を明らかにすることが事務の性質上困難である理由
二　法第十二条の二第五項の規定に基づき住民票の写し等の送付を求める場合にあつては、当該請求をする国又は地方公共団体の機関の事務所の所在地

（国又は地方公共団体の機関の住民票の写し等の交付の請求につき請求の任に当たつている者が本人であることを明らかにする方法）
第九条　法第十二条の二第三項に規定す

令で定める方法により、当該請求の任に当たつている者が本人であることを明らかにしなければならない。

4　市町村長は、特別の請求がない限り、第一項に規定する住民票の写しの交付の請求があつたときは、第七条第四号、第五号、第九号から第十二号まで及び第十四号に掲げる事項の全部又は一部の記載を省略した同項に規定する住民票の写しを交付することができる。

5　第一項の規定による請求をしようとする国又は地方公共団体の機関は、郵

る総務省令で定める方法は、次のいずれかの方法とする。

一　国又は地方公共団体の機関の職員たる身分を示す証明書を提示する方法

二　前号の書類をやむを得ない理由により提示することができない場合にあつては、個人番号カード等であつて現に請求の任に当たつている者が本人であることを確認するため市町村長が適当と認める書類を提示し、又は提出する方法

三　法第十二条の二第五項の規定に基づき住民票の写し等の送付を求める場合にあつては、第一号又は前号の書類の写しを送付する方法その他の市町村長が前二号に準ずるものとして適当と認める方法

便その他の総務省令で定める方法により、同項に規定する住民票の写し又は住民票記載事項証明書の送付を求めることができる。

（本人等以外の者の申出による住民票の写し等の交付）

第十二条の三　市町村長は、前二条の規定によるもののほか、当該市町村が備える住民基本台帳について、次に掲げる者から、住民票の写しで基礎証明事項（第七条第一号から第三号まで及び第六号から第八号までに掲げる事項をいう。以下この項及び第七項において同じ。）のみが表示されたもの又は住民票記載事項証明書で基礎証明事項に関するものが必要である旨の申出があり、かつ、当該申出を相当と認めるときは、当該申出をする者に当該住民票の写し又は住民票記載事項証明書を交付することができる。

一　自己の権利を行使し、又は自己の義務を履行するために住民票の記載事項を確認する必要がある者

二　国又は地方公共団体の機関に提出する必要がある者

三　前二号に掲げる者のほか、住民票

の記載事項を利用する正当な理由がある者

2 市町村長は、前二条及び前項の規定によるもののほか、当該市町村が備える住民基本台帳について、特定事務受任者から、受任している事件又は事務の依頼者が同項各号に掲げる者に該当することを理由として、同項に規定する住民票の写し又は住民票記載事項証明書が必要である旨の申出があり、かつ、当該申出を相当と認めるときは、当該特定事務受任者に当該住民票の写し又は住民票記載事項証明書を交付することができる。

3 前項に規定する「特定事務受任者」とは、弁護士（弁護士法人を含む。）、司法書士（司法書士法人を含む。）、土地家屋調査士（土地家屋調査士法人を含む。）、税理士（税理士法人を含む。）、社会保険労務士（社会保険労務士法人を含む。）、弁理士（特許業務法人を含む。）、海事代理士又は行政書士（行政書士法人を含む。）をいう。

4 第一項又は第二項の申出は、総務省令で定めるところにより、次に掲げる事項を明らかにしてしなければならない。

一 申出者（第一項又は第二項の申出

（本人等以外の者の住民票の写し等の交付の申出の手続及び申出につき明らかにしなければならない事項）

第十条 法第十二条の三第一項又は第二項の規定による住民票の写し等の交付

をする者をいう。以下この条において同じ。）の氏名及び住所（申出者が法人の場合にあつては、その名称、代表者又は管理人の氏名及び主たる事務所の所在地）

二　現に申出の任に当たつている者が、申出者の代理人であるときその他申出者と異なる者であるときは、当該申出の任に当たつている者の氏名及び住所

三　当該申出の対象とする者の氏名及び住所

四　第一項に規定する住民票の写し又は住民票記載事項証明書の利用の目的

五　第二項の申出の場合にあつては、前項に規定する特定事務受任者の受任している事件又は事務についての資格及び業務の種類並びに依頼者の氏名又は名称（当該受任している事件又は事務についての業務が裁判手続又は裁判外手続における民事上若しくは行政上の紛争処理の手続についての代理業務その他の政令で定める業務であるときは、当該事件又は事務についての資格及び業務の種類）

六　前各号に掲げるもののほか、総務

（法第十二条の三第四項第五号に規定する政令で定める業務）

第十五条の二　法第十二条の三第四項第五号に規定する政令で定める業務は、次に掲げる業務とする。

一　弁護士（弁護士法人を含む。）にあつては、裁判手続又は裁判外における民事上若しくは行政上の紛争処理の手続についての代理業務（弁護士法人については、弁護士法（昭和二十四年法律第二百五号）第三十条の六第一項各号に規定する代理業務を除く。）

の申出は、同条第四項各号及び次項に掲げる事項を明らかにするため市町村長が適当と認める書類を提出してしなければならない。この場合において、市町村長が必要と認めるときは、同条第四項第四号の事項を証する書類の提示又は提出を求めるものとする。

2　法第十二条の三第四項第六号に規定

省令で定める事項

5　第一項又は第二項の申出をする場合において、現に申出の任に当たつている者は、市町村長に対し、個人番号カードを提示する方法その他の総務省令で定める方法により、当該申出の任に当たつている者が本人であることを明らかにしなければならない。

二　司法書士（司法書士法人を含む。）にあつては、司法書士法（昭和二十五年法律第百九十七号）第三条第一項第三号及び第六号から第八号までに規定する代理業務（同項第七号及び第八号に規定する相談業務並びに司法書士法人については同項第六号に規定する代理業務を除く。）

三　土地家屋調査士（土地家屋調査士法人を含む。）にあつては、土地家屋調査士法（昭和二十五年法律第二百二十八号）第三条第一項第二号に規定する審査請求の手続についての代理業務並びに同項第四号及び第七号に規定する代理業務

四　税理士（税理士法人を含む。）にあつては、税理士法（昭和二十六年法律第二百三十七号）第二条第一項第一号に規定する不服申立て及びこれに関する主張又は陳述についての代理業務

五　社会保険労務士（社会保険労務士法人を含む。）にあつては、社会保険労務士法（昭和四十三年法律第八十九号）第二条第一項第一号の三に規定する審査請求及び再審査請求並びにこれらに係る行政機関等の調査又は処分に関し当該行政機関等に対

する総務省令で定める事項は、同条第九項の規定に基づき住民票の写し等の送付を求める場合において、申出者の住所又は主たる事務所の所在地以外の場所に送付することを求めるときは、その理由及び送付すべき場所とする。

（本人等以外の者の住民票の写し等の交付の申出につき申出の任に当たつている者が本人であることを明らかにする方法）

第十一条　法第十二条の三第五項に規定する総務省令で定める方法は、次のいずれかの方法とする。

一　法第十二条の三第一項の規定による住民票の写し等の交付の申出をする場合にあつては、次に掲げる方法

イ　個人番号カード等であつて現に申出の任に当たつている者が本人であることを確認するため市町村長が適当と認める書類を提示する方法

ロ　イの書類をやむを得ない理由により提示することができない場合にあつては、現に申出の任に当たつている者が本人であることを確認するため市町村長が適当と認める書類を提示し、若しくは提出す

してする主張又は陳述についての代理業務並びに同項第一号の四から第一号の六までに規定する代理業務（同条第三項第一号に規定する相談業務を除く。）

六　弁理士（特許業務法人を含む。）にあつては、弁理士法（平成十二年法律第四十九号）第四条第一項に規定する特許庁における手続（不服申立てに限る。）、審査請求及び裁定に関する経済産業大臣に対する手続（裁定の取消しに限る。）についての代理業務、同条第二項第一号に規定する税関長又は財務大臣に対する手続（不服申立てに限る。）についての代理業務、同項第二号に規定する代理業務、同法第六条に規定する訴訟の手続についての代理業務並びに同法第六条の二第一項に規定する特定侵害訴訟の手続についての代理業務（特許業務法人については、同法第六条に規定する訴訟の手続についての代理業務及び同法第六条の二第一項に規定する特定侵害訴訟の手続についての代理業務を除く。）

る方法又は現に申出の任に当たつている者が本人であることを説明させる方法その他の市町村長がイに準ずるものとして適当と認める方法

二　法第十二条の三第二項の規定による住民票の写し等の交付の申出をする場合にあつては、前号イの書類又は同条第三項に規定する特定事務受任者若しくは特定事務受任者の事務を補助する者であることを証する書類（本人の写真が貼付されたものに限る。以下同じ。）を提示し、特定事務受任者の所属する会が発行した住民票の写し等の交付を申し出る書類に当該特定事務受任者の職印が押されたものによつて申し出る方法その他の市町村長がこれらに準ずるものとして適当と認める方法

三　法第十二条の三第一項の規定による住民票の写し等の交付の申出をする場合において、同条第九項の規定に基づき住民票の写し等の送付を求めるときは、第一号ロに掲げる方法のほか次に掲げる方法

イ　第一号イ又はロの書類の写しを送付し、現に申出の任に当たつている者の住所を住民票の写し等を

送付すべき場所に指定する方法その他の市町村長が同号に準ずるものとして適当と認める方法（ロに掲げる方法による場合を除く。）

ロ　申出者が法人の場合において、現に申出の任に当たつている者が当該法人の役職員又は構成員であるときは、第一号イ又はロの書類の写し及び当該法人の主たる事務所の所在地を確認するため市町村長が適当と認める書類を送付し、当該主たる事務所の所在地を住民票の写し等を送付すべき場所に指定する方法その他の市町村長が同号に準ずるものとして適当と認める方法

四　法第十二条の三第二項の規定による住民票の写し等の交付の申出をする場合において、同条第九項の規定に基づき住民票の写し等の送付を求めるときは、第一号イの書類の写し又は特定事務受任者であることを証する書類の写し及び特定事務受任者の所属する会が発行した住民票の写し等の交付を申し出る書類に当該特定事務受任者の職印が押されたものを送付し、当該特定事務受任者の事務所の所在地を住民票の写し等を送

6　前項の場合において、現に申出の任に当たつている者が、申出者の代理人であるときその他申出者と異なる者であるときは、当該申出の任に当たつている者は、市町村長に対し、総務省令で定める方法により、申出者の依頼により又は法令の規定により当該申出の任に当たるものであることを明らかにする書類を提示し、又は提出しなければならない。

付すべき場所に指定する方法。ただし、特定事務受任者の所属する会が会員の氏名及び事務所の所在地を容易に確認することができる方法により公表しているときは、同号イの書類の写し又は特定事務受任者であることを証する書類の写しの送付は要しない。

（本人等以外の者の住民票の写し等の交付の申出につき申出者の代理人等が権限を明らかにする方法）

第十二条　法第十二条の三第六項に規定する総務省令で定める方法は、次のいずれかの方法とする。この場合において、市町村長が必要と認めるときは、申出者が本人であるかどうかの確認をするため必要な事項を示す書類の提示又は提出を求めるものとする。

一　現に申出の任に当たつている者が法定代理人の場合にあつては、戸籍謄本その他その資格を証明する書類を提示し、又は提出する方法

二　現に申出の任に当たつている者が法定代理人以外の者である場合にあつては、委任状を提出する方法

三　前二号の書類をやむを得ない理由により提示し、又は提出することが

7　申出者は、第四項第四号に掲げる利用の目的を達成するため、基礎証明事項のほか基礎証明事項以外の事項（第七条第八号の二及び第十三号に掲げる事項を除く。以下この項において同じ。）の全部若しくは一部が表示された住民票の写し又は基礎証明事項のほか基礎証明事項以外の事項の全部若しくは一部を記載した住民票記載事項証明書が必要である場合には、第一項又は第二項の申出をする際に、その旨を市町村長に申し出ることができる。

8　市町村長は、前項の規定による申出を相当と認めるときは、第一項に規定する住民票の写し又は住民票記載事項証明書に代えて、前項に規定する住民票の写し又は住民票記載事項証明書を交付することができる。

9　第一項又は第二項の申出をしようとする者は、郵便その他の総務省令で定

できない場合にあつては、申出者の依頼により又は法令の規定により当該申出の任に当たるものであることを説明する書類を提示し、又は提出させる方法その他の市町村長が前二号に準ずるものとして適当と認める方法

める方法により、第一項に規定する住民票の写し又は住民票記載事項証明書の送付を求めることができる。

（本人等の請求に係る住民票の写しの交付の特例）

第十二条の四　住民基本台帳に記録されている者は、その者が記録されている住民基本台帳を備える市町村の市町村長（以下この条において「住所地市町村長」という。）以外の市町村長に対し、自己又は自己と同一の世帯に属する者に係る住民票の写しで第七条第五号、第九号から第十二号まで及び第十四号に掲げる事項の記載を省略したものの交付を請求することができる。この場合において、当該請求をする者は、総務省令で定めるところにより、個人番号カード又は総務省令で定める書類を提示してこれをしなければならない。

2　前項の請求を受けた市町村長（以下

（法第十二条の四第二項及び第三項に

（本人等の請求に係る住民票の写しの交付の特例の請求手続）

第四条　法第十二条の四第一項の規定に基づき住民票の写しの交付の請求をする者は、同項に基づく住民票の写しの交付の請求である旨並びに次項に規定する書類を提示した場合には、その者の住民票コード又は出生の年月日及び男女の別を明らかにしなければならない。

2　法第十二条の四第一項に規定する総務省令で定める書類は、旅券、運転免許証その他官公署が発行した免許証、許可証又は資格証明書等（本人の写真が貼付されたものに限る。）であって当該請求者が本人であることを確認するため市町村長（特別区にあつては区長、地方自治法（昭和二十二年法律第六十七号）第二百五十二条の十九第一項の指定都市にあっては区長又は総合区長。第六条及び第九条において同じ。）が適当と認めるものとする。

この条において「交付地市町村長」という。）は、政令で定める事項を同項の請求をした者の住所地市町村長に通知しなければならない。

3　前項の規定による通知を受けた住所地市町村長は、政令で定める事項を交付地市町村長に通知しなければならない。

4　前項の規定による通知を受けた交付

（規定する住民票の写しの交付の際の通知事項）

第十五条の三　法第十二条の四第二項に規定する政令で定める事項は、次に掲げる事項とする。

一　法第十二条の四第一項の請求があつた旨

二　法第十二条の四第一項の請求をした者（次号において「請求者」という。）の氏名及びその者に係る住民票に記載された住民票コード

三　請求者及び請求者と同一の世帯に属する者のうち、法第十二条の四第一項の請求に係る住民票の写しに記載する者

四　法第七条第四号、第八号の二又は第十三号に掲げる事項の記載の請求の有無

2　法第十二条の四第三項に規定する政令で定める事項は、住民票に記載されている法第七条第一号から第三号まで及び第六号から第八号までに掲げる事項（同条第四号、第八号の二又は第十三号に掲げる事項の記載の請求があつた場合にあつては、当該請求があつた事項を含む。）とする。

（法第十二条の四第一項の規定による

地市町村長は、政令で定めるところにより、第一項の請求に係る住民票の写しを作成して、同項の請求をした者に交付するものとする。この場合において、交付地市町村長は、特別の請求がない限り、第七条第四号、第八号の二及び第十三号に掲げる事項の全部又は一部の記載を省略した同項に規定する住民票の写しを交付することができる。

5　第二項又は第三項の規定による通知は、総務省令で定めるところにより、交付地市町村長又は住所地市町村長の使用に係る電子計算機から電気通信回線を通じて相手方である住所地市町村長又は交付地市町村長の使用に係る電子計算機に送信することによつて行うものとする。

6　第十二条第二項（第二号を除く。）及び第六項の規定は、第一項の規定による請求について準用する。この場合

（住民票の写しの交付）

第十五条の四　交付地市町村長（法第十二条の四第二項に規定する交付地市町村長をいう。次項において同じ。）は、同条第四項の規定により住民票の写しを作成する場合には、同条第三項の規定による通知に基づかなければならない。

2　交付地市町村長は、前項の規定により作成した住民票の写しの末尾に、法第十二条の四第一項に規定する住所地市町村長から当該請求に係る住民票に記載されている事項が同条第三項の規定により通知され、当該住民票の写しが当該通知に基づき作成されたものである旨を記載しなければならない。

（本人等の請求に係る住民票の写しの交付の特例の際の通知の方法）

第五条　法第十二条の四第五項の規定による通知は、電子計算機の操作によるものとし、電気通信回線を通じた送信の方法に関する技術的基準については、総務大臣が定める。

において、同条第六項中「市町村長」とあるのは、「第十二条の四第二項に規定する交付地市町村長」と読み替えるものとする。

（住民基本台帳の脱漏等に関する都道府県知事の通報）

第十二条の五　都道府県知事は、その事務を管理し、又は執行するに当たつて、当該都道府県の区域内の市町村の住民基本台帳に脱漏若しくは誤載があり、又は住民票に誤記若しくは記載漏れがあることを知つたときは、遅滞なく、その旨を当該住民基本台帳を備える市

（住民票の再製）

第十六条　市町村長は、住民票が滅失したときは、直ちに、職権で、これを再製しなければならない。

2　市町村長は、前項の規定により住民票を再製したときは、直ちにその旨を告示するとともに、その告示をした日から十五日間当該住民票（法第六条第三項の規定により磁気ディスクをもつて住民票を調製している市町村にあつては、当該住民票に記録されている事項を記載した書類）を関係者の縦覧に供さなければならない。

町村の市町村長に通報しなければならない。

（住民基本台帳の脱漏等に関する委員会の通報）

第十三条 市町村の委員会（地方自治法第百三十八条の四第一項に規定する委員会をいう。）は、その事務を管理し、又は執行するに当たつて、住民基本台帳に脱漏若しくは誤載があり、又は住民票に誤記若しくは記載漏れがあると認めるときは、遅滞なく、その旨を当該市町村の市町村長に通報しなければならない。

（住民基本台帳の正確な記録を確保するための措置）

第十四条 市町村長は、その事務を管理し、及び執行することにより、又は第十条若しくは前二条の規定による通知若しくは通報若しくは第三十四条第一項若しくは第二項の調査によつて、住民基本台帳に脱漏若しくは誤載があり、又は住民票に誤記若しくは記載漏れがあることを知つたときは、届出義務者に対する届出の催告その他住民基本台帳の正確な記録を確保するため必要な措置を講じなければならない。

2　住民基本台帳に記録されている者は、自己又は自己と同一の世帯に属する者に係る住民票に誤記又は記載漏れがあることを知つたときは、その者が記録されている住民基本台帳を備える市町村の市町村長に対してその旨を申し出ることができる。

（選挙人名簿との関係）

第十五条　選挙人名簿の登録は、住民基本台帳に記録されている者又は公職選挙法第二十一条第二項に規定する住民基本台帳に記録されていた者で選挙権を有するものについて行うものとする。

2　市町村長は、第八条の規定により住民票の記載等をしたときは、遅滞なく、当該記載等で選挙人名簿の登録に関係がある事項を当該市町村の選挙管理委員会に通知しなければならない。

3　市町村の選挙管理委員会は、前項の規定により通知された事項を不当な目的に使用されることがないよう努めなければならない。

（除票簿）

第十五条の二　市町村長は、住民票（世帯を単位とする住民票にあつては、その全部）を消除したとき、又は住民票を改製したときは、その消除した住民票又は改製前の住民票（以下「除票」と総称する。）を住民基本台帳から除いて別につづり、除票簿として保存しなければならない。

2　第六条第三項の規定により磁気ディスクをもつて住民票を調製している市町村にあつては、磁気ディスクをもつて調製した除票を蓄積して除票簿とすることができる。

（除票の記載事項）

第十五条の三　除票には、当該除票に係る住民票に記載をしていた事項のほか、当該住民票を消除した事由（転出（市町村の区域外へ住所を移すことをいう。以下同じ。）の場合にあつては、転出により消除した旨及び転出先の住所）及びその事由の生じた年月日（第二十四条の規定による届出に基づき住民票を消除した場合にあつては、転出の予定年月日）又は改製した旨及びその年月日の記載（前条第二項の規定により磁気ディスクをもつて調製する除票にあつては、記録。以下同じ。）をする。

2　第九条第一項の規定による通知を受けた市町村長は、当該通知に係る除票に転出をした旨の記載をする。

（除票の写し等の交付）

第十五条の四　市町村が保存する除票に記載されている者は、当該市町村の市町村長に対し、その者に係る除票の写し（第十五条の二第二項の規定により磁気ディスクをもつて除票を調製している市町村にあつては、当該除票に記録されている事項を記載した書類。次項及び第三項並びに第四十六条第二号において同じ。）又は除票に記載をした事項に関する証明書（次項及び第三項並びに同号において「除票記載事項証明書」という。）の交付を請求することができる。

2　国又は地方公共団体の機関は、法令で定める事務の遂行のために必要である場合には、市町村長に対し、当該市町村が保存する除票の写しで第七条第八号の二及び第十三号に掲げる事項の記載を省略したもの又は除票記載事項証明書で同条第一号から第八号まで、第九号から第十二号まで及び第十四号に掲げる事項その他政令で定める事項に関するものの交付を請求することができる。

3　市町村長は、前二項の規定によるもののほか、当該市町村が保存する除票について、次に掲げる者から、除票の

（法第十五条の四第二項及び第三項に規定する政令で定める事項）

第十七条　法第十五条の四第二項及び第三項に規定する政令で定める事項は、次の各号に掲げる同条第二項の請求又は同条第三項若しくは第四項の申出に係る除票の区分に応じ、当該各号に定める事項とする。

一　消除した住民票　当該消除した住民票に係る住民票を消除した事由（転出の場合にあつては、転出により消除した旨、転出先の住所及び当該消除した住民票に転出をした旨の記載がされているときは転出をした

写しで除票基礎証明事項（第七条第一号から第三号まで及び第六号から第八号までに掲げる事項その他政令で定める事項をいう。以下この項において同じ。）のみが表示されたもの又は除票記載事項証明書で除票基礎証明事項に関するものが必要である旨の申出があり、かつ、当該申出を相当と認めるときは、当該申出をする者に当該除票の写し又は除票記載事項証明書を交付することができる。

一 自己の権利を行使し、又は自己の義務を履行するために除票の記載事項を確認する必要がある者

二 国又は地方公共団体の機関に提出する必要がある者

三 前二号に掲げる者のほか、除票の記載事項を利用する正当な理由がある者

4 市町村長は、前三項の規定によるもののほか、当該市町村が保存する除票について、第十二条の三第三項に規定する特定事務受任者から、受任している事件又は事務の依頼者が前項各号に掲げる者に該当することを理由として、同項に規定する除票の写し又は除票記載事項証明書が必要である旨の申出があり、かつ、当該申出を相当と認める

旨）及びその事由の生じた年月日（転出届に基づき住民票を消除した場合にあつては、転出の予定年月日）

二 改製前の住民票 当該改製前の住民票に係る住民票を改製した旨及びその年月日

ときは、当該特定事務受任者に当該除票の写し又は除票記載事項証明書を交付することができる。

5 第十二条第二項から第七項までの規定は第一項の請求について、第十二条の二第二項から第五項までの規定は第二項の請求について、第十二条の三第四項から第九項までの規定は前二項の申出について、それぞれ準用する。この場合において、これらの規定中「住民票の写し」とあるのは「除票の写し」と、「住民票記載事項証明書」とあるのは「除票記載事項証明書」と読み替えるほか、次の表の上欄に掲げる規定中同表の中欄に掲げる字句は、それぞれ同表の下欄に掲げる字句に読み替えるものとする。

（略）

（住民票に関する規定の準用）

第十七条の二 第十五条の二の規定は、法第十五条の四第五項において準用する法第十二条の三第四項第五号に規定する政令で定める業務について準用する。

2 第二条、第十五条及び第十六条の規定は、除票について準用する。この場合において、次の表の上欄に掲げる規定中同表の中欄に掲げる字句は、それぞれ同表の下欄に掲げる字句に読み替えるものとする。

（略）

（本人の除票の写し等の交付の請求の手続及び請求につき明らかにしなければならない事項）

第十三条 法第十五条の四第一項の規定による除票の写し（法第十五条の二第二項の規定により磁気ディスクをもって除票を調製している市町村（特別区を含む。）にあっては、当該除票に記録されている事項を記載した書類）又は法第十五条の四第一項に規定する除票記載事項証明書（以下「除票の写し等」という。）の交付の請求は、同条第五項において準用する同法第十二条第二項各号及び次項各号に掲げる事項を明らかにするため市町村長が適当と認める書類を提出してしなければならない。

2 法第十五条の四第五項において準用する法第十二条第二項第四号に規定する総務省令で定める事項は、次に掲げる事項とする。

一 配偶者からの暴力の防止及び被害者の保護等に関する法律第一条第二項に規定する被害者のうち更なる暴力によりその生命又は身体に危害を

受けるおそれがあるものに係る請求である場合その他市町村長が法第十五条の四第五項において準用する法第十二条第六項の規定に基づき請求を拒むかどうか判断するため特に必要があると認める場合にあつては、請求事由

二 法第十五条の四第五項において準用する法第十二条第七項の規定に基づき除票の写し等の送付を求める場合において、請求をする者の住所以外の場所に送付することを求めるときは、その理由及び送付すべき場所

（本人の除票の写し等の交付の請求につき請求の任に当たつている者が本人であることを明らかにする方法）

第十四条 法第十五条の四第五項において準用する法第十二条第三項に規定する総務省令で定める方法は、次のいずれかの方法とする。

一 個人番号カード等であつて現に請求の任に当たつている者が本人であることを確認するため市町村長が適当と認める書類を提示する方法

二 前号の書類をやむを得ない理由により提示することができない場合にあつては、現に請求の任に当たつて

いる者が本人であることを確認するため市町村長が適当と認める書類を提示し、若しくは提出する方法又は現に請求の任に当たつている者が本人であることを説明させる方法その他の市町村長が前号に準ずるものとして適当と認める方法

三 法第十五条の四第五項において準用する法第十二条第七項の規定に基づき除票の写し等の送付を求める場合にあつては、第一号又は前号の書類の写しを送付し、現に請求の任に当たつている者の住所を送付すべき場所に指定する方法その他の市町村長が前二号に準ずるものとして適当と認める方法

（本人の除票の写し等の交付の請求につき請求をする者の代理人等が権限を明らかにする方法）

第十五条 法第十五条の四第五項において準用する法第十二条第四項に規定する総務省令で定める方法は、次のいずれかの方法とする。この場合において、市町村長が必要と認めるときは、請求をする者が本人であるかどうかの確認をするため必要な事項を示す書類の提示又は提出を求めるものとする。

一　現に請求の任に当たつている者が法定代理人の場合にあつては、戸籍謄本その他その資格を証明する書類を提示し、又は提出する方法
二　現に請求の任に当たつている者が法定代理人以外の者である場合にあつては、委任状を提出する方法
三　前二号の書類をやむを得ない理由により提示し、又は提出することができない場合にあつては、請求をする者の依頼により又は法令の規定により当該請求の任に当たるものであることを説明する書類を提示し、又は提出させる方法その他の市町村長が前二号に準ずるものとして適当と認める方法

（除票の写し等の送付を求める場合の方法）
第十六条　法第十五条の四第五項において準用する法第十二条第七項、第十二条の二第五項及び第十二条の三第九項に規定する総務省令で定める方法は、次に掲げる方法とする。
一　郵便
二　民間事業者による信書の送達に関する法律第二条第六項に規定する一般信書便事業者又は同条第九項に規

定する特定信書便事業者による同条第二項に規定する信書便

（国又は地方公共団体の機関の除票の写し等の交付の請求の手続及び請求につき明らかにしなければならない事項）

第十七条　法第十五条の四第二項の規定による除票の写し等の交付の請求は、同条第五項において準用する法第十二条の二第二項各号及び次項各号に掲げる事項を明らかにして、公文書を提出してしなければならない。

2　法第十五条の四第五項において準用する法第十二条の二第二項第五号に規定する総務省令で定める事項は、次に掲げる事項とする。

一　法第十五条の四第五項において準用する法第十二条の二第二項第四号に規定する犯罪捜査等のための請求である場合にあつては、請求事由を明らかにすることが事務の性質上困難である理由

二　法第十五条の四第五項において準用する法第十二条の二第五項の規定に基づき除票の写し等の送付を求める場合にあつては、当該請求をする国又は地方公共団体の機関の事務所

の所在地

(国又は地方公共団体の機関の除票の写し等の交付の請求につき請求の任に当たつている者が本人であることを明らかにする方法)

第十八条　法第十五条の四第五項において準用する法第十二条の二第三項に規定する総務省令で定める方法は、次のいずれかの方法とする。

一　国又は地方公共団体の機関の職員たる身分を示す証明書を提示する方法

二　前号の書類をやむを得ない理由により提示することができない場合にあつては、個人番号カード等であつて現に請求の任に当たつている者が本人であることを確認するため市町村長が適当と認める書類を提示し、又は提出する方法

三　法第十五条の四第五項において準用する法第十二条の二第五項の規定に基づき除票の写し等の送付を求める場合にあつては、第一号又は前号の書類の写しを送付する方法その他の市町村長が前二号に準ずるものとして適当と認める方法

（本人以外の者の除票の写し等の交付の申出の手続及び申出につき明らかにしなければならない事項）

第十九条 法第十五条の四第三項又は第四項の規定による除票の写し等の交付の申出は、同条第五項において準用する法第十二条の三第四項各号及び次項に掲げる事項を明らかにするため市町村長が適当と認める書類を提出してしなければならない。この場合において、市町村長が必要と認めるときは、同条第四項第四号の事項を証する書類の提示又は提出を求めるものとする。

2 法第十五条の四第五項において準用する法第十二条の三第四項第六号に規定する総務省令で定める事項は、同条第九項の規定に基づき住民票の写し等の送付を求める場合において、申出者の住所又は主たる事務所の所在地以外の場所に送付することを求めるときは、その理由及び送付すべき場所とする。

（本人以外の者の除票の写し等の交付の申出につき申出の任に当たつている者が本人であることを明らかにする方法）

第二十条 法第十五条の四第五項において準用する法第十二条の三第五項に規

定する総務省令で定める方法は、次のいずれかの方法とする。

一　法第十五条の四第五項において準用する法第十二条の三第一項の規定による除票の写し等の交付の申出をする場合にあつては、次に掲げる方法

イ　個人番号カード等であつて現に申出の任に当たつている者が本人であることを確認するため市町村長が適当と認める書類を提示する方法

ロ　イの書類をやむを得ない理由により提示することができない場合にあつては、現に申出の任に当たつている者が本人であることを確認するため市町村長が適当と認める書類を提示し、若しくは提出する方法又は現に申出の任に当たつている者が本人であることを説明させる方法その他の市町村長がイに準ずるものとして適当と認める方法

二　法第十五条の四第四項の規定による除票の写し等の交付の申出をする場合にあつては、前号イの書類又は法第十二条の三第三項に規定する特定事務受任者若しくは特定事務受任

者の事務を補助する者であることを証する書類（本人の写真が貼付されたものに限る。以下同じ。）を提示し、特定事務受任者の所属する会が発行した除票の写し等の交付を申し出る書類に当該特定事務受任者の職印が押されたものによつて申し出る方法その他の市町村長がこれらに準ずるものとして適当と認める方法

三　法第十五条の四第三項の規定による除票の写し等の交付の申出をする場合において、同条第五項において準用する法第十二条の三第九項の規定に基づき除票の写し等の送付を求めるときは、第一号ロに掲げる方法のほか次に掲げる方法

イ　第一号イ又はロの書類の写しを送付し、現に申出の任に当たつている者の住所を除票の写し等を送付すべき場所に指定する方法その他の市町村長が同号に準ずるものとして適当と認める方法（ロに掲げる方法による場合を除く。）

ロ　申出者が法人の場合において、現に申出の任に当たつている者が当該法人の役職員又は構成員であるときは、第一号イ又はロの書類の写し及び当該法人の主たる事務

所の所在地を確認するため市町村長が適当と認める書類を送付し、当該主たる事務所の所在地を除票の写し等を送付すべき場所に指定する方法その他の市町村長が同号に準ずるものとして適当と認める方法

四　法第十五条の四第四項の規定による除票の写し等の交付の申出をする場合において、同条第五項において準用する法第十二条の三第九項の規定に基づき除票の写し等の送付を求めるときは、第一号イの書類の写し又は特定事務受任者であることを証する書類の写し及び特定事務受任者の所属する会が発行した除票の写し等の交付を申し出る書類に当該特定事務受任者の職印が押されたものを送付し、当該特定事務受任者の事務所の所在地を除票の写し等を送付すべき場所に指定する方法。ただし、特定事務受任者の所属する会が会員の氏名及び事務所の所在地を容易に確認することができる方法により公表しているときは、同号イの書類の写し又は特定事務受任者であることを証する書類の写しの送付は要しない。

（本人以外の者の除票の写し等の交付の申出につき申出者の代理人等が権限を明らかにする方法）

第二十一条 法第十五条の四第五項において準用する法第十二条の三第六項に規定する総務省令で定める方法は、次のいずれかの方法とする。この場合において、市町村長が必要と認めるときは、申出者が本人であるかどうかの確認をするため必要な事項を示す書類の提示又は提出を求めるものとする。

一 現に申出の任に当たつている者が法定代理人の場合にあつては、戸籍謄本その他その資格を証明する書類を提示し、又は提出する方法

二 現に申出の任に当たつている者が法定代理人以外の者である場合にあつては、委任状を提出する方法

三 前二号の書類をやむを得ない理由により提示し、又は提出することができない場合にあつては、申出者の依頼により又は法令の規定により当該申出の任に当たるものであることを説明する書類を提示し、又は提出させる方法その他の市町村長が前二号に準ずるものとして適当と認める方法

第三章　戸籍の附票

（戸籍の附票の作成）

第十六条 市町村長は、その市町村の区域内に本籍を有する者につき、その戸籍を単位として、戸籍の附票を作成しなければならない。

2　市町村長は、政令で定めるところにより、前項の戸籍の附票を磁気ディスクをもつて調製することができる。

（戸籍の附票の記載事項）

第十七条 戸籍の附票には、次に掲げる事項について記載（前条第二項の規定により磁気ディスクをもつて調製する戸籍の附票にあつては、記録。以下同じ。）をする。

一　戸籍の表示

二　氏名

三　住所

四　住所を定めた年月日

（戸籍の附票の記載事項の特例等）

第十七条の二 戸籍の附票には、前条に規定する事項のほか、公職選挙法第三十条の六第一項の規定に基づいて在外選挙人名簿に登録された者、同条第二項の規定に基づいて在外選挙人名簿へ

第三章　戸籍の附票

の登録の移転（同法第三十条の二第三項に規定する在外選挙人名簿への登録の移転をいう。以下この条において同じ。）がされた者及び日本国憲法の改正手続に関する法律（平成十九年法律第五十一号）第三十七条第一項の規定に基づいて在外投票人名簿に登録された者については、その旨及び当該登録又は在外選挙人名簿への登録の移転がされた市町村名を記載しなければならない。

2　市町村の選挙管理委員会は、公職選挙法第三十条の六第一項の規定により在外選挙人名簿に登録したとき、同条第二項の規定により在外選挙人名簿への登録の移転をしたとき、若しくは同法第三十条の十一の規定により在外選挙人名簿から抹消したとき、又は日本国憲法の改正手続に関する法律第三十七条第一項の規定により在外投票人名簿に登録したとき、若しくは同法第四十二条の規定により在外投票人名簿から抹消したときは、遅滞なく、その旨を当該登録若しくは在外選挙人名簿への登録の移転がされ、又は抹消された者の本籍地の市町村長に通知しなければならない。

（戸籍の附票の記載等）
第十八条 戸籍の附票の記載、消除又は記載の修正は、職権で行うものとする。

（戸籍の附票の記載の修正等のための市町村長間の通知）
第十九条 住所地の市町村長は、住民票

（戸籍の附票の記載）
第十八条 市町村長は、新たに戸籍が編製されたときは、その戸籍の附票を作成しなければならない。
2 市町村長は、一の戸籍の附票を作成した後にその戸籍に入つた者があるときは、その戸籍の附票にその者に関する記載（法第十六条第二項の規定により磁気ディスクをもつて調製する戸籍の附票にあつては、記録。以下同じ。）をしなければならない。

（戸籍の附票の消除）
第十九条 市町村長は、一の戸籍にある者の全部又は一部がその戸籍から除かれたときは、その戸籍の附票の全部又は一部を消除しなければならない。

（戸籍の附票の記載の修正）
第二十条 市町村長は、戸籍の附票に記載をした事項に変更があつたとき、又は戸籍の附票に誤記若しくは記載漏れがあつたときは、その記載の修正をしなければならない。

の記載等をした場合に、本籍地において戸籍の附票の記載の修正をすべきときは、遅滞なく、当該修正をすべき事項を本籍地の市町村長に通知しなければならない。

2　前項の規定により通知を受けた事項が戸籍の記載又は記録と合わないときは、本籍地の市町村長は、遅滞なく、その旨を住所地の市町村長に通知しなければならない。

3　本籍が一の市町村から他の市町村に転属したときは、原籍地の市町村長は、遅滞なく、戸籍の附票に記載をしてある事項を新本籍地の市町村長に通知しなければならない。

4　第一項の規定による通知は、総務省令で定めるところにより、住所地の市町村長の使用に係る電子計算機から電気通信回線を通じて相手方である本籍地の市町村長の使用に係る電子計算機に送信することによつて行うものとする。ただし、総務省令で定める場合にあつては、この限りでない。

（戸籍の附票の改製）

（戸籍の附票の記載の修正のための通知の方法）

第五条の二　法第十九条第四項の規定による通知は、電子計算機の操作によるものとし、電気通信回線を通じた送信の方法に関する技術的基準については、総務大臣が定める。

2　法第十九条第四項に規定する総務省令で定める場合は、電気通信回線の故障その他の事由により電気通信回線を通じた送信ができない場合とする。

第十九条の二 市町村長は、必要があると認めるときは、戸籍の附票を改製することができる。

（戸籍の附票の写しの交付）

第二十条 市町村が備える戸籍の附票に記録されている者（当該戸籍の附票から除かれた者（その者に係る全部の記載が市町村長の過誤によつてされ、かつ、当該記載が消除された者を除く。）を含む。次項において同じ。）又はその配偶者、直系尊属若しくは直系卑属は、当該市町村の市町村長に対し、これらの者に係る戸籍の附票の写し（第十六条第二項の規定により磁気ディスクをもつて戸籍の附票を調製している市町村にあつては、当該戸籍の附票に記録されている事項を記載した書類。次項及び第三項並びに第四十六条第二号において同じ。）の交付を請求することができる。

2　国又は地方公共団体の機関は、法令で定める事務の遂行のために必要である場合には、市町村長に対し、当該市町村が備える戸籍の附票に記録されている者に係る戸籍の附票の写しの交付を請求することができる。

3　市町村長は、前二項の規定によるも

のほか、当該市町村が備える戸籍の附票について、次に掲げる者から、戸籍の附票の写しが必要である旨の申出があり、かつ、当該申出を相当と認めるときは、当該申出をする者に当該戸籍の附票の写しを交付することができる。
一 自己の権利を行使し、又は自己の義務を履行するために戸籍の附票の記載事項を確認する必要がある者
二 国又は地方公共団体の機関に提出する必要がある者
三 前二号に掲げる者のほか、戸籍の附票の記載事項を利用する正当な理由がある者
4 市町村長は、前三項の規定によるもののほか、当該市町村が備える戸籍の附票について、第十二条の三第三項に規定する特定事務受任者から、受任している事件又は事務の依頼者が前項各号に掲げる者に該当することを理由として、戸籍の附票の写しが必要である旨の申出があり、かつ、当該申出を相当と認めるときは、当該特定事務受任者に当該戸籍の附票の写しを交付することができる。
5 第十二条第二項から第四項まで、第六項及び第七項の規定は第一項の請求

(本人等の交付の請求の手続及び請求につき明らかにしなければならない事

について、第十二条の二第二項、第三項及び第五項の規定は第二項の請求について、第十二条の三第四項から第六項まで及び第九項の規定は前二項の申出について、それぞれ準用する。この場合において、これらの規定中「総務省令」とあるのは「総務省令・法務省令」と、第十二条第七項及び第十二条の二第五項中「同項に規定する住民票の写し又は住民票記載事項証明書」とあり、並びに第十二条の三第四項第四号及び第九項中「第一項に規定する住民票の写し又は住民票記載事項証明書」とあるのは「第二十条第一項に規定する戸籍の附票の写し」と読み替えるものとする。

項）

第一条　住民基本台帳法（以下「法」という。）第二十条第一項の規定による戸籍の附票の写し（法第十六条第二項の規定により磁気ディスクをもつて戸籍の附票を調製している市町村（特別区を含む。）にあつては、当該戸籍の附票に記録されている事項を記載した書類。以下同じ。）の交付の請求は、法第二十条第五項において読み替えて準用する法第十二条第二項各号及び次項各号に掲げる事項を明らかにするため市町村長（特別区にあつては区長、地方自治法（昭和二十二年法律第六十七号）第二百五十二条の十九第一項の指定都市にあつては区長又は総合区長。以下同じ。）が適当と認める書類を提出してしなければならない。

2　法第二十条第五項において読み替えて準用する法第十二条第二項第四号に規定する総務省令・法務省令で定める事項は、次に掲げる事項とする。

一　請求に係る戸籍の附票に記載（法第十六条第二項の規定により磁気ディスクをもつて調製する戸籍の附票にあつては、記録。以下同じ。）がされた戸籍の表示

二　配偶者からの暴力の防止及び被害

者の保護等に関する法律（平成十三年法律第三十一号）第一条第二項に規定する被害者のうち更なる暴力によりその生命又は身体に危害を受けるおそれがあるものに係る請求である場合その他市町村長が法第二十条第五項において準用する法第十二条第六項の規定に基づき請求を拒むかどうか判断するため特に必要があると認める場合にあつては、請求事由

三　法第二十条第五項において読み替えて準用する法第十二条第七項の規定に基づき戸籍の附票の写しの送付を求める場合において、請求をする者の住所以外の場所に送付することを求めるときは、その理由及び送付すべき場所

（本人等の交付の請求につき請求の任に当たつている者が本人であることを明らかにする方法）

第二条　法第二十条第五項において読み替えて準用する法第十二条第三項に規定する総務省令・法務省令で定める方法は、次のいずれかの方法とする。

一　行政手続における特定の個人を識別するための番号の利用等に関する

法律（平成二十五年法律第二十七号）第二条第七項に規定する個人番号カード又は旅券、運転免許証その他官公署が発行した免許証、許可証若しくは資格証明書等（本人の写真が貼付されたものに限る。以下「個人番号カード等」という。）であつて現に請求の任に当たつている者が本人であることを確認するため市町村長が適当と認める書類を提示する方法

二　前号の書類をやむを得ない理由により提示することができない場合にあつては、現に請求の任に当たつている者が本人であることを確認するため市町村長が適当と認める書類を提示し、若しくは提出する方法又は現に請求の任に当たつている者が本人であることを説明させる方法その他の市町村長が前号に準ずるものとして適当と認める方法

三　法第二十条第五項において読み替えて準用する法第十二条第七項の規定に基づき戸籍の附票の写しの送付を求める場合にあつては、第一号又は前号の書類の写しを送付し、現に請求の任に当たつている者の住所を

送付すべき場所に指定する方法その他の市町村長が前二号に準ずるものとして適当と認める方法

（本人等の交付の請求につき請求をする者の代理人等が権限を明らかにする方法）

第三条 法第二十条第五項において読み替えて準用する法第十二条第四項に規定する総務省令・法務省令で定める方法は、次のいずれかの方法とする。この場合において、市町村長が必要と認めるときは、請求をする者が本人であるかどうかの確認をするため必要な事項を示す書類の提示又は提出を求めるものとする。

一 現に請求の任に当たつている者が法定代理人の場合にあつては、戸籍謄本その他その資格を証明する書類を提示し、又は提出する方法

二 現に請求の任に当たつている者が法定代理人以外の者である場合にあつては、委任状を提出する方法

三 前二号の書類をやむを得ない理由により提示し、又は提出することができない場合にあつては、請求をする者の依頼により又は法令の規定に

より当該請求の任に当たるものであることを説明する書類を提示し、又は提出させる方法その他の市町村長が前二号に準ずるものとして適当と認める方法

（送付を求める場合の方法）

第四条 法第二十条第五項において読み替えて準用する法第十二条第七項、第十二条の二第五項及び第十二条の三第九項に規定する総務省令・法務省令で定める方法は、次に掲げる方法とする。

一 郵便

二 民間事業者による信書の送達に関する法律（平成十四年法律第九十九号）第二条第六項に規定する一般信書便事業者又は同条第九項に規定する特定信書便事業者による同条第二項に規定する信書便

（国又は地方公共団体の機関の交付の請求の手続及び請求につき明らかにしなければならない事項）

第五条 法第二十条第二項の規定による戸籍の附票の写しの交付の請求は、同条第五項において読み替えて準用する法第十二条の二第二項各号及び次項各

号に掲げる事項を明らかにして、公文書を提出してしなければならない。

2 法第二十条第五項において読み替えて準用する法第十二条の二第二項第五号に規定する総務省令・法務省令で定める事項は、次に掲げる事項とする。

一 請求に係る戸籍の附票に記載がされた戸籍の表示

二 法第二十条第五項において準用する法第十二条の二第二項第四号に規定する犯罪捜査等のための請求である場合にあつては、請求事由を明らかにすることが事務の性質上困難である理由

三 法第二十条第五項において読み替えて準用する法第十二条の二第五項の規定に基づき戸籍の附票の写しの送付を求める場合にあつては、当該請求をする国又は地方公共団体の機関の事務所の所在地

（国又は地方公共団体の機関の交付の請求につき請求の任に当たつている者が本人であることを明らかにする方法）

第六条 法第二十条第五項において読み替えて準用する法第十二条の二第三項

に規定する総務省令・法務省令で定める方法は、次のいずれかの方法とする。
一　国又は地方公共団体の機関の職員たる身分を示す証明書を提示する方法
二　前号の書類をやむを得ない理由により提示することができない場合にあつては、個人番号カード等であつて現に請求の任に当たつている者が本人であることを確認するため市町村長が適当と認める書類を提示し、又は提出する方法
三　法第二十条第五項において読み替えて準用する法第十二条の二第五項の規定に基づき戸籍の附票の写しの送付を求める場合にあつては、第一号又は前号の書類の写しを送付する方法その他の市町村長が前二号に準ずるものとして適当と認める方法

（本人等以外の者の交付の申出の手続及び申出につき明らかにしなければならない事項）

第七条　法第二十条第三項又は第四項の規定による戸籍の附票の写しの交付の申出は、同条第五項において読み替えて準用する法第十二条の三第四項各号

及び次項各号に掲げる事項を明らかにするため市町村長が適当と認める書類を提出してしなければならない。この場合において、市町村長が必要と認めるときは、同条第四項第四号の事項を証する書類の提示又は提出を求めるものとする。

2　法第二十条第五項において読み替えて準用する法第十二条の三第四項第六号に規定する総務省令・法務省令で定める事項は、次に掲げる事項とする。

一　申出に係る戸籍の附票に記載がされた戸籍の表示

二　法第二十条第五項において読み替えて準用する法第十二条の三第九項の規定に基づき戸籍の附票の写しの送付を求める場合において、申出者の住所又は主たる事務所の所在地以外の場所に送付することを求めるときは、その理由及び送付すべき場所

（本人等以外の者の交付の申出につき申出の任に当たつている者が本人であることを明らかにする方法）

第八条　法第二十条第五項において読み替えて準用する法第十二条の三第五項に規定する総務省令・法務省令で定め

る方法は、次のいずれかの方法とする。

一　法第二十条第三項の規定による戸籍の附票の写しの交付の申出をする場合にあつては、次に掲げる方法

イ　個人番号カード等であつて現に申出の任に当たつている者が本人であることを確認するため市町村長が適当と認める書類を提示する方法

ロ　イの書類をやむを得ない理由により提示することができない場合にあつては、現に申出の任に当たつている者が本人であることを確認するため市町村長が適当と認める書類を提示し、若しくは提出する方法又は現に申出の任に当たつている者が本人であることを説明させる方法その他の市町村長がイに準ずるものとして適当と認める方法

二　法第二十条第四項の規定による戸籍の附票の写しの交付の申出をする場合にあつては、前号イの書類又は法第十二条の三第三項に規定する特定事務受任者若しくは特定事務受任者の事務を補助する者であることを証する書類（本人の写真が貼付され

たものに限る。以下同じ。）を提示し、特定事務受任者の所属する会が発行した戸籍の附票の写しの交付を申し出る書類に当該特定事務受任者の職印が押されたものによつて申し出る方法その他の市町村長がこれらに準ずるものとして適当と認める方法

三 法第二十条第三項の規定による戸籍の附票の写しの交付の申出をする場合において、同条第五項において読み替えて準用する法第十二条の三第九項の規定に基づき戸籍の附票の写しの送付を求めるときは、第一号ロに掲げる方法のほか次に掲げる方法

イ 第一号イ又はロの書類の写しを送付し、現に申出の任に当たつている者の住所を戸籍の附票の写しを送付すべき場所に指定する方法その他の市町村長が同号に準ずるものとして適当と認める方法（ロに掲げる方法による場合を除く。）

ロ 申出者が法人の場合において、現に申出の任に当たつている者が当該法人の役職員又は構成員であるときは、第一号イ又はロの書類

の写し及び当該法人の主たる事務所の所在地を確認するため市町村長が適当と認める書類を送付し、当該主たる事務所の所在地を戸籍の附票の写しを送付すべき場所に指定する方法その他の市町村長が同号に準ずるものとして適当と認める方法

四　法第二十条第四項の規定による戸籍の附票の写しの交付の申出をする場合において、同条第五項において読み替えて準用する法第十二条の三第九項の規定に基づき戸籍の附票の写しの送付を求めるときは、第一号イの書類の写し又は特定事務受任者であることを証する書類の写し及び特定事務受任者の所属する会が発行した戸籍の附票の写しの交付を申し出る書類に当該特定事務受任者の職印が押されたものを送付し、当該特定事務受任者の事務所の所在地を戸籍の附票の写しを送付すべき場所に指定する方法。ただし、特定事務受任者の所属する会が会員の氏名及び事務所の所在地を容易に確認することができる方法により公表しているときは、同号イの書類の写し又は特

定事務受任者であることを証する書類の写しの送付は要しない。

（本人等以外の者の交付の申出につき申出者の代理人等が権限を明らかにする方法）

第九条　法第二十条第五項において読み替えて準用する法第十二条の三第六項に規定する総務省令・法務省令で定める方法は、次のいずれかの方法とする。この場合において、市町村長が必要と認めるときは、申出者本人であるかどうかの確認をするため必要な事項を示す書類の提示又は提出を求めるものとする。

一　現に申出の任に当たつている者が法定代理人の場合にあつては、戸籍謄本その他その資格を証明する書類を提示し、又は提出する方法

二　現に申出の任に当たつている者が法定代理人以外の者である場合にあつては、委任状を提出する方法

三　前二号の書類をやむを得ない理由により提示し、又は提出することができない場合にあつては、申出者の依頼により又は法令の規定により当該申出の任に当たるものであること

（戸籍の附票の除票簿）

第二十一条 市町村長は、戸籍の附票の全部を消除したとき、又は戸籍の附票を改製したときは、その消除した戸籍の附票又は改製前の戸籍の附票（以下「戸籍の附票の除票」と総称する。）をつづり、戸籍の附票の除票簿として保存しなければならない。

2　第十六条第二項の規定により磁気ディスクをもつて戸籍の附票を調製している市町村にあつては、磁気ディスクをもつて調製した戸籍の附票の除票を蓄積して戸籍の附票の除票簿とすることができる。

（戸籍の附票の除票の記載事項）

第二十一条の二 戸籍の附票の除票には、当該戸籍の附票の除票に係る戸籍の附票に記載をしていた事項のほか、当該戸籍の附票を消除した旨及びその年月日又は改製した旨及びその年月日の記載（前条第二項の規定により磁気ディスクをもつて調製する戸籍の附票の除

を説明する書類を提示し、又は提出させる方法その他の市町村長が前二号に準ずるものとして適当と認める方法

票にあつては、記録。以下同じ。）をする。

（戸籍の附票の除票の写しの交付）

第二十一条の三　市町村が保存する戸籍の附票の除票に記載されている者又はその配偶者、直系尊属若しくは直系卑属は、当該市町村の市町村長に対し、これらの者に係る戸籍の附票の除票の写し（第二十一条第二項の規定により磁気ディスクをもつて戸籍の附票の除票を調製している市町村にあつては、当該戸籍の附票の除票に記録されている事項を記載した書類。次項及び第三項並びに第四十六条第二号において同じ。）の交付を請求することができる。

2　国又は地方公共団体の機関は、法令で定める事務の遂行のために必要である場合には、市町村長に対し、当該市町村が保存する戸籍の附票の除票の写しの交付を請求することができる。

3　市町村長は、前二項の規定によるもののほか、当該市町村が保存する戸籍の附票の除票について、次に掲げる者から、当該戸籍の附票の除票の写しが必要である旨の申出があり、かつ、当該申出を相当と認めるときは、当該申出をする者に当該戸籍の附票の除票の写しを交付することができる。

一　自己の権利を行使し、又は自己の義務を履行するために戸籍の附票の除票の記載事項を確認する必要がある者

二　国又は地方公共団体の機関に提出する必要がある者

三　前二号に掲げる者のほか、戸籍の附票の除票の記載事項を利用する正当な理由がある者

4　市町村長は、前三項の規定によるもののほか、当該市町村が保存する戸籍の附票の除票について、第十二条の三第三項に規定する特定事務受任者から、受任している事件又は事務の依頼者が前項各号に掲げる者に該当することを理由として、戸籍の附票の除票の写しが必要である旨の申出があり、かつ、当該申出を相当と認めるときは、当該特定事務受任者に当該戸籍の附票の除票の写しを交付することができる。

5　第十二条第二項から第四項まで、第六項及び第七項の規定は第一項の請求について、第十二条の二第二項、第三項及び第五項の規定は第二項の請求について、第十二条の三第四項から第六項まで及び第九項の規定は前二項の申出について、それぞれ準用する。この

（戸籍の附票の規定の準用）

第十条　第一条から前条までの規定は法第二十一条第一項に規定する戸籍の附票の除票について準用する。この場合において、これらの規定中「第二十条第五項」とあるのは「第二十一条の三第五項」と読み替えるほか、次の表の

場合において、これらの規定中「総務省令」とあるのは「総務省令・法務省令」と、「住民票の写し又は住民票記載事項証明書」とあるのは「戸籍の附票の除票の写し」と読み替えるほか、次の表の上欄に掲げる規定中同表の中欄に掲げる字句は、それぞれ同表の下欄に掲げる字句に読み替えるものとする。

（略）

上欄に掲げる規定中同表の中欄に掲げる字句は、それぞれ同表の下欄に掲げる字句に読み替えるものとする。

（略）

（情報通信技術活用法の適用）

第十一条　法第二十条第一項から第四項まで及び第二十一条の三第一項から第四項までの規定による請求又は申出（以下この条において「請求等」という。）は、情報通信技術を活用した行政の推進等に関する法律（平成十四年法律第百五十一号。以下この項及び次項において「情報通信技術活用法」という。）第六条第一項の規定により、市町村長の使用に係る電子計算機（入出力装置を含む。以下この条において同じ。）と請求等を行う者の使用に係る電子計算機であつて当該市町村長の使用に係る電子計算機と電気通信回線を通じて通信できる機能を備えたものとを電気通信回線で接続した電子情報処理組織を使用して行わせることができる。

2 前項の規定により電子情報処理組織を使用して請求等を行う者は、市町村長の定めるところにより、市町村長の指定する電子計算機に備えられたファイルに記録すべき事項又は当該請求等を書面等（情報通信技術活用法第三条第五号に規定する書面等をいう。）により行うときに記載すべきこととされている事項を、前項に規定する当該請求等を行う者の使用に係る電子計算機から入力して、当該請求等を行わなければならない。

3 前項の規定により請求等を行う者は、入力する事項についての情報に電子署名等に係る地方公共団体情報システム機構の認証業務に関する法律（平成十四年法律第百五十三号）第二条第一項又は電子署名及び認証業務に関する法律（平成十二年法律第百二号）第二条第一項に規定する電子署名を行い、当該電子署名を行つた者を確認するために必要な事項を証する次に掲げる電子証明書（市町村長が第一項に規定する当該市町村長の使用に係る電子計算機から認証できるものに限る。）のいずれかと併せてこれを送信しなければな

（住民票に関する規定の準用）

第二十一条 第十五条の二の規定は、法第二十条第五項及び第二十一条の三第五項において準用する法第十二条の三第四項第五号に規定する政令で定める業務について準用する。

2 第二条、第十三条第一項、第十三条の二、第十五条及び第十六条の規定は、

らない。ただし、市町村長の指定する方法により当該請求等を行つた者を確認するための措置を講ずる場合は、この限りでない。

一 電子署名等に係る地方公共団体情報システム機構の認証業務に関する法律第三条第一項に規定する署名用電子証明書

二 電子署名及び認証業務に関する法律第八条に規定する認定認証事業者が作成した電子証明書（電子署名及び認証業務に関する法律施行規則（平成十三年総務省・法務省・経済産業省令第二号）第四条第一号に規定する電子証明書をいう。）

三 商業登記法（昭和三十八年法律第百二十五号）第十二条の二第一項及び第三項の規定に基づき登記官が作成した電子証明書

第四章　届出

（住民としての地位の変更に関する届出の原則）

第二十一条の四　住民としての地位の変更に関する届出は、全てこの章及び第四章の三に定める届出によつて行うものとする。

（転入届）

第二十二条　転入（新たに市町村の区域内に住所を定めることをいい、出生による場合を除く。以下この条及び第三十条の四十六において同じ。）をした者は、転入をした日から十四日以内に、次に掲げる事項（いずれの市町村にお

戸籍の附票について準用する。この場合において、次の表の上欄に掲げる規定中同表の中欄に掲げる字句は、それぞれ同表の下欄に掲げる字句に読み替えるものとする。

3　第二条、第十五条及び第十六条の規定は、戸籍の附票の除票について準用する。この場合において、次の表の上欄に掲げる規定中同表の中欄に掲げる字句は、それぞれ同表の下欄に掲げる字句に読み替えるものとする。

第四章　届出

いても住民基本台帳に記録されたことがない者にあつては、第一号から第五号まで及び第七号に掲げる事項）を市町村長に届け出なければならない。
一 氏名
二 住所
三 転入をした年月日
四 従前の住所
五 世帯主についてはその旨、世帯主でない者については世帯主の氏名及び世帯主との続柄
六 転入前の住民票コード（転入をした者につき直近に住民票の記載をした市町村長が、当該住民票に直近に記載した住民票コードをいう。）
七 国外から転入をした者その他政令で定める者については、前各号に掲げる事項のほか政令で定める事項

2 前項の規定による届出をする者（同項第七号の者を除く。）は、住所の異

（転入届に当たり特別の事項を届け出なければならない者等）

第二十二条 法第二十二条第一項第七号に規定する政令で定める者はいずれの市町村の住民基本台帳にも記録されていないことその他やむを得ない理由により同条第二項の文書を提出することができない者とし、同号に規定する政令で定める事項は出生の年月日、男女の別及び戸籍の表示とする。

（転出証明書）

第二十三条 法第二十二条第二項に規定

動に関する文書で政令で定めるものを添えて、同項の届出をしなければならない。

する住所の異動に関する文書で政令で定めるものは、前住所地の市町村長が作成する転出の証明書（以下「転出証明書」という。）とする。

2　転出証明書には、法第七条第一号から第五号まで、第八号の二及び第十三号に掲げる事項のほか、次に掲げる事項を記載しなければならない。

一　住所
二　転出先及び転出の予定年月日
三　国民健康保険の被保険者である者については、その旨
三の二　後期高齢者医療の被保険者である者については、その旨
三の三　介護保険の被保険者である者については、その旨
四　国民年金の被保険者である者については、国民年金の被保険者の種別及び基礎年金番号
五　児童手当の支給を受けている者については、その旨

（転出証明書の交付等）

第二十四条　市町村長は、転出届があつたとき（法第二十四条の二第一項本文若しくは同条第二項本文の規定の適用を受けるとき又は国外に転出をするときを除く。）は、転出証明書を交付し

（転居届）

第二十三条 転居（一の市町村の区域内において住所を変更することをいう。以下この条において同じ。）をした者は、転居をした日から十四日以内に、次に掲げる事項を市町村長に届け出なければならない。

一 氏名
二 住所
三 転居をした年月日
四 従前の住所
五 世帯主についてはその旨、世帯主でない者については世帯主の氏名及び世帯主との続柄

（転出届）

第二十四条 転出をする者は、あらかじめ、その氏名、転出先及び転出の予定年月日を市町村長に届け出なければならない。

（個人番号カードの交付を受けている

なければならない。

2 転出証明書の交付を受けた者は、転出証明書を亡失し、滅失し、汚損し、又は破損したときは、その再交付を受けることができる。

（最初の転入届等において特例の適用

者等に関する転入届の特例）

第二十四条の二　個人番号カードの交付を受けている者が転出届（前条の規定による届出をいう。以下この条において同じ。）をした場合においては、最初の転入届（当該転出届をした日後その者が最初に行う第二十二条第一項の規定による届出をいう。以下この条において同じ。）については、第二十二条第二項の規定は、適用しない。ただし、政令で定める場合にあつては、この限りでない。

2　個人番号カードの交付を受けている世帯主が行う当該世帯主に関する転出届に併せて、その世帯に属する他の者（以下この項及び第二十六条において「世帯員」という。）であつて個人番号

を受けることができない場合）

第二十四条の二　法第二十四条の二第一項ただし書に規定する政令で定める場合は、次に掲げる場合とする。

一　転出届をした者が、当該転出届がされてから最初の転入届（法第二十四条の二第一項に規定する最初の転入届をいう。以下同じ。）がされるまでの間において、いずれかの市町村の住民基本台帳に記録されたことがある場合

二　転出届をした者が、当該転出届により届け出た転出の予定年月日から三十日を経過した日又は転入をした日から十四日を経過した日のいずれか早い日以後に、最初の転入届をする場合

三　最初の転入届の際に、番号利用法第十七条第二項の規定による個人番号カード（番号利用法第二条第七項に規定する個人番号カードをいう。以下同じ。）の提出がされなかつた場合

2　法第二十四条の二第二項ただし書に規定する政令で定める場合は、次に掲げる場合とする。

一　転出届をした世帯員（法第二十四条の二第二項に規定する世帯員をい

（最初の転入届の手続）

第六条　法第二十四条の二第一項に規定する最初の転入届をしようとする者は、市町村長に対し、行政手続における特定の個人を識別するための番号の利用等に関する法律（平成二十五年法律第二十七号。以下「番号利用法」という。）第二条第七項に規定する個人番号カード（以下「個人番号カード」という。）の交付を受けている旨を明らかにしなければならない。

カードの交付を受けていないものが転出届をした場合においては、最初の世帯員に関する転入届（当該転出届をした日後当該世帯員が最初に行う第二十二条第一項の規定による届出であつて、当該世帯主が当該世帯主に関する最初の転入届に併せて第二十六条第一項又は第二項の規定により当該世帯員に代わつて行うものをいう。以下この条において同じ。）については、第二十二条第二項の規定は、適用しない。ただし、政令で定める場合にあつては、この限りでない。

3　最初の転入届又は最初の世帯員に関する転入届を受けた市町村長（以下この条において「転入地市町村長」という。）は、その旨を当該最初の転入届に係る転出届又は当該最初の世帯員に関する転入届に係る転出届を受けた市町村長（以下この条において「転出地市町村長」という。）に通知しなければならない。

4　転出地市町村長は、前項の規定による通知があつたときは、政令で定める事項を転入地市町村長に通知しなければならない。

う。以下この項において同じ。）が、当該転出届がされてから最初の世帯員に関する転入届（同条第二項に規定する最初の世帯員に関する転入届をいう。以下同じ。）がされるまでの間において、いずれかの市町村の住民基本台帳に記録されたことがある場合

二　転出届をした世帯員が属する世帯の世帯主が、当該転出届により届け出た転出の予定年月日から三十日を経過した日又は転入をした日から十四日を経過した日のいずれか早い日以後に、最初の世帯員に関する転入届をする場合

三　最初の世帯員に関する転入届の際に、転出届をした世帯員が属する世帯の世帯主について番号利用法第十七条第二項の規定による個人番号カードの提出がされなかつた場合

（転出地市町村長から転入地市町村長への通知事項）

第二十四条の三　法第二十四条の二第四項に規定する政令で定める事項は、法第七条第一号から第五号まで、第八号の二及び第十三号に掲げる事項のほか、

5　前二項の規定による通知は、総務省令で定めるところにより、転入地市町村長又は転出地市町村長の使用に係る電子計算機から電気通信回線を通じて

次に掲げる事項とする。
一　転出前の住所
二　転出先及び転出の予定年月日
三　国民健康保険の被保険者である者については、その旨
三の二　後期高齢者医療の被保険者である者については、その旨
四　介護保険の被保険者である者については、その旨その他**総務省令で定める事項**
五　国民年金の被保険者である者については、国民年金の被保険者の種別及び基礎年金番号
六　児童手当の支給を受けている者については、その旨
七　個人番号カードの交付を受けている者については、当該個人番号カードの発行の日及び有効期間が満了する日その他個人番号カードの管理のために必要な事項として総務省令で定めるもの

（転出地市町村長から転入地市町村長への通知事項） 移動

第七条の二　令第二十四条の三第七号に規定する総務省令で定めるものは、当該個人番号カードが真正なものであることを確認するために転入地市町村長が用いる符号その他個人番号カードの管理のために必要な事項とする。

（個人番号カードの交付を受けている者等に関する届出の特例の際の通知の方法）

第七条　法第二十四条の二第五項の規定

相手方である転出地市町村長又は転入地市町村長の使用に係る電子計算機に送信することによつて行うものとする。

（世帯変更届）
第二十五条 第二十二条第一項及び第二十三条の場合を除くほか、その属する世帯又はその世帯主に変更があつた者（政令で定める者を除く。）は、その変更があつた日から十四日以内に、その氏名、変更があつた事項及び変更があつた年月日を市町村長に届け出なければならない。

（世帯主が届出を行う場合）
第二十六条 世帯主は、世帯員に代わつて、この章又は第四章の三の規定による届出をすることができる。

2 世帯員がこの章又は第四章の三の規定による届出をすることができないときは、世帯主が世帯員に代わつて、その届出をしなければならない。

（届出の方式等）
第二十七条 この章又は第四章の三の規定による届出は、政令で定めるところにより、書面でしなければならない。

（世帯変更届を要しない者）
第二十五条 法第二十五条に規定する政令で定める者は、世帯主以外のその世帯に属する者が一人になつた場合におけるその者とする。

（届出の方式）
第二十六条 法第四章又は第四章の三の規定による届出は、現に届出の任に当たつている者の住所及び届出の年月日

による通知は、電子計算機の操作によるものとし、電気通信回線を通じた送信の方法に関する技術的基準については、総務大臣が定める。

2　市町村長は、この章又は第四章の三の規定による届出がされる場合において、現に届出の任に当たつている者に対し、総務省令で定めるところにより、当該届出の任に当たつている者が本人であるかどうかの確認をするため、当該届出の任に当たつている者を特定するために必要な氏名その他の総務省令で定める事項を示す書類の提示若しくは提出又はこれらの事項についての説明を求めるものとする。

が記載され、並びに当該届出の任に当たつている者が署名し、又は記名押印した書面でしなければならない。

（現に届出の任に当たっている者を特定する方法）

第八条　法第二十七条第二項の規定による提示若しくは提出又は説明は、次のいずれかの方法によるものとする。

一　個人番号カード又は旅券、運転免許証その他官公署が発行した免許証、許可証若しくは資格証明書等（本人の写真が貼付されたものに限る。）であって現に届出の任に当たっている者が本人であることを確認するため市町村長が適当と認める書類を提示する方法

二　前号の書類をやむを得ない理由により提示することができない場合には、現に届出の任に当たっている者が本人であることを確認するため市町村長が適当と認める書類を提示し、若しくは提出する方法又は同一の世帯の住民基本台帳の記載事項について説明させる方法その他の市町村長が前号に準ずるものとして適当と認める方法

3　前項の場合において、市町村長は、現に届出の任に当たつている者が、届出をする者の代理人であるときその他届出をする者と異なる者であるとき（現に届出の任に当たつている者が届出をする者と同一の世帯に属する者であるときを除く。）は、当該届出の任に当たつている者に対し、総務省令で定めるところにより、届出をする者の依頼により又は法令の規定により当該届出の任に当たるものであることを明らかにするために必要な事項を示す書類の提示若しくは提出又は当該事項についての説明を求めるものとする。

（届出において明らかにする事項）

第八条の二　法第二十七条第二項に規定する総務省令で定める事項は、氏名及び住所その他の市町村長が適当と認める事項とする。

（届出をする者の代理人等の権限を明らかにする方法）

第八条の三　法第二十七条第三項の規定による提示若しくは提出又は説明は、次のいずれかの方法によるものとする。この場合において、市町村長が必要と認めるときは、届出をする者が本人であるかどうかの確認をするため、必要な事項を示す書類の提示若しくは提出又はこれらの事項についての説明を求めるものとする。

一　現に届出の任に当たっている者が法定代理人の場合には、戸籍謄本その他その資格を証明する書類を提示し、又は提出する方法

二　現に届出の任に当たっている者が法定代理人以外の者である場合には、委任状を提出する方法

三　前二号の書類をやむを得ない理由により提示し、又は提出することができない場合には、届出をする者の

（国民健康保険の被保険者である者に係る届出の特例）

第二十八条 この章又は第四章の三の規定による届出をすべき者が国民健康保険の被保険者であるときは、その者は、当該届出に係る書面に、その資格を証する事項で政令で定めるものを付記するものとする。

（国民健康保険の被保険者である者に係る付記事項）

第二十七条 法第二十八条に規定する政令で定める事項は、次の各号に定める届出の区分に応じ、当該各号に定める事項とする。

一 法第二十二条の規定による届出（以下「転入届」という。）（第三号に掲げる届出を除く。）、法第三十条の四十六の規定による届出及び法第三十条の四十七の規定による届出（第四号に掲げる届出を除く。） 次に掲げる事項

イ 国民健康保険の被保険者の資格を取得した旨

ロ 職業

ハ その者が属することとなつた世帯に既に国民健康保険の被保険者の資格を取得している者がある場合には、その世帯の世帯主に国民

依頼により又は法令の規定により当該届出の任に当たるものであることを説明する書類を提示し、又は提出させる方法その他の市町村長が前二号に準ずるものとして適当と認める方法

健康保険の被保険者証（国民健康保険法第九条第二項の被保険者証をいう。以下この条及び第三十条において同じ。）又は国民健康保険の被保険者資格証明書（同法第九条第六項の被保険者資格証明書をいう。以下この条及び第三十条において同じ。）のいずれかが交付されているときは、その記号及び番号、その世帯主に国民健康保険の被保険者証及び国民健康保険の被保険者資格証明書のいずれもが交付されているときは、その旨並びに国民健康保険の被保険者証の記号及び番号

二　法第二十三条の規定による届出（以下この章及び第三十条の十九において「転居届」という。）、転出届及び法第二十五条の規定による届出（次条第二号及び第二十七条の三第二号において「世帯変更届」という。）　その者が属する世帯の世帯主に国民健康保険の被保険者証又は国民健康保険の被保険者資格証明書のいずれかが交付されている場合には、その記号及び番号、その世帯主に国民健康保険の被保険者証及び国民健康保険の被保険者資格証明書のいず

れもが交付されている場合には、その旨並びに国民健康保険の被保険者証の記号及び番号
三　転入届（一の都道府県の区域内において住所を変更することに係るものに限る。）　次に掲げる事項
イ　国民健康保険の被保険者の資格を取得した年月日
ロ　その者が属することとなつた世帯に既に国民健康保険の被保険者の資格を取得している者がある場合には、その世帯の世帯主に国民健康保険の被保険者証又は国民健康保険の被保険者資格証明書のいずれかが交付されているときは、その記号及び番号、その世帯主に国民健康保険の被保険者証及び国民健康保険の被保険者資格証明書のいずれもが交付されているときは、その旨並びに国民健康保険の被保険者証の記号及び番号
四　法第三十条の四十七の規定による届出（当該届出をする者が中長期在留者等（法第三十条の四十六に規定する中長期在留者等をいう。次条から第二十八条までにおいて同じ。）となる前から引き続き国民健康保険の被保険者の資格を有する場合に限

（後期高齢者医療の被保険者である者に係る届出の特例）

第二十八条の二　この章又は第四章の三の規定による届出をすべき者が後期高齢者医療の被保険者であるときは、その者は、当該届出に係る書面に、その資格を証する事項で政令で定めるものを付記するものとする。

る。）　次に掲げる事項

イ　国民健康保険の被保険者の資格を取得した年月日

ロ　その者が属する世帯の世帯主に国民健康保険の被保険者証又は国民健康保険の被保険者資格証明書のいずれかが交付されている場合には、その記号及び番号、その世帯主に国民健康保険の被保険者証及び国民健康保険の被保険者資格証明書のいずれもが交付されている場合には、その旨並びに国民健康保険の被保険者証の記号及び番号

（後期高齢者医療の被保険者である者に係る付記事項）

第二十七条の二　法第二十八条の二に規定する政令で定める事項は、次の各号に掲げる届出の区分に応じ、当該各号に掲げる事項とする。

一　転入届（一の都道府県の区域内において住所を変更することに係るものを除く。）、法第三十条の四十六の規定による届出及び法第三十条の四十七の規定による届出（第三号に掲げる届出を除く。）　次に掲げる事項

イ　後期高齢者医療の被保険者の資

格を取得した旨
ロ　その者が属することとなつた世帯に既に後期高齢者医療の被保険者の資格を取得している者がある場合には、その被保険者に後期高齢者医療の被保険者証（高齢者の医療の確保に関する法律第五十四条第三項の被保険者証をいう。以下この条及び第三十条において同じ。）が交付されているときは、その番号、その被保険者に後期高齢者医療の被保険者資格証明書（同法第五十四条第七項の被保険者資格証明書をいう。以下この条及び第三十条において同じ。）が交付されているときは、その記号及び番号
二　転居届、転出届及び世帯変更届その者に後期高齢者医療の被保険者証が交付されている場合には、その番号、その者に後期高齢者医療の被保険者資格証明書が交付されている場合には、その記号及び番号
三　法第三十条の四十七の規定による届出（当該届出をする者が中長期在留者等となる前から引き続き後期高齢者医療の被保険者の資格を有する場合に限る。）次に掲げる事項

（介護保険の被保険者である者に係る届出の特例）

第二十八条の三　この章又は第四章の三の規定による届出をすべき者が介護保険の被保険者であるときは、その者は、当該届出に係る書面に、その資格を証する事項で政令で定めるものを付記するものとする。

イ　後期高齢者医療の被保険者の資格を取得した年月日

ロ　その者に後期高齢者医療の被保険者証が交付されている場合には、その番号、その者に後期高齢者医療の被保険者資格証明書が交付されている場合には、その記号及び番号

（介護保険の被保険者である者に係る付記事項）

第二十七条の三　法第二十八条の三に規定する政令で定める事項は、次の各号に掲げる届出の区分に応じ、当該各号に掲げる事項とする。

一　転入届、法第三十条の四十六の規定による届出及び法第三十条の四十七の規定による届出（第三号に掲げる届出を除く。）　介護保険の被保険者の資格を有する旨

二　転居届、転出届及び世帯変更届　介護保険の被保険者証（介護保険法第十二条第三項の被保険者証をいう。次号ロ及び第三十条において同じ。）の番号

三　法第三十条の四十七の規定による届出（当該届出をする者が中長期在留者等となる前から引き続き介護保

郵便はがき

料金受取人払郵便

豊島局承認

7762

差出有効期間
2022年１月
９日まで

１７０－８７９０

709

東京都豊島区
南長崎3－16－6
日本加除出版（株）
営業部行

ご購入ありがとうございました。お客様からのご意見はこれからの良書出版の参考
させて頂きます。なお、当社HP（https://www.kajo.co.jp/）からもご返信いただけま

お名前	フリガナ	性別	年齢
		男 女	
ご住所 （お届け先）	〒　　－	電話　　（　　　）	
	eメールアドレス：		
ご職業			
通信欄	※ メルマガ案内　要・不 ※ 図書案内　　要・不		

ご 意 見 欄

◇書籍名：

◇本書を何を通して知りましたか。

□DM　□当社販売員　□展示販売　□斡旋　□書店店頭
□インターネット書店　□知人の薦め　□当社ホームページ
□新聞・雑誌広告（　　　　　　　　　　　　　　　　　）

◇本書に対するご意見・ご感想をお聞かせください。

◇今後刊行を望まれる書籍をお聞かせください。

※ご協力ありがとうございました。

書 籍 申 込 欄

購入を希望する書籍を下欄にご記入ください。表面にご記入いただいたご住所まで、代金引換で送付いたします。

書　名	冊 数
	冊
	冊
	冊

280238　　支払は（ 公費 ・ 私費 ）

引手数料及び送料は、お客様にてご負担くださいますよう、お願いいたします（ご注文が7,000円以上で送料をサービスいたします。）。

入いただいた情報は、ご注文商品の発送、お支払確認等の連絡及び当社からのご案内（刊行物のDM、アンケート調査等）以外の目的には利用いたしません。

（国民年金の被保険者である者に係る届出の特例）

第二十九条 この章又は第四章の三の規定による届出をすべき者が国民年金の被保険者であるときは、その者は、当該届出に係る書面に、その資格を証する事項その他必要な事項で政令で定めるものを付記するものとする。

険の被保険者の資格を有する場合に限る。） 次に掲げる事項

イ 介護保険の被保険者となつた年月日

ロ 介護保険の被保険者証の番号

（国民年金の被保険者である者に係る届出の付記事項）

第二十八条 法第二十九条に規定する政令で定める事項は、次の各号に掲げる届出の区分に応じ、当該各号に掲げる事項とする。

一 転入届及び法第三十条の四十六の規定による届出 次に掲げる事項

イ 前住所地から引き続き同一の種別の国民年金の被保険者である者にあつては、当該国民年金の被保険者の種別及びその者が法第二十二条第一項第七号に規定する者又は第三十条の四十六の規定による届出を行う者である場合には、基礎年金番号

ロ 転入により国民年金の被保険者の種別に変更があつた者にあつては、変更後の国民年金の被保険者の種別及びその者が法第二十二条第一項第七号に規定する者又は第三十条の四十六の規定による届出

を行う者である場合には、基礎年金番号

ハ　転入により国民年金の被保険者となつた者にあつては、国民年金の被保険者の種別並びにその者が前に国民年金の被保険者であつたことがある者である場合には、基礎年金番号及び国民年金の被保険者でなかつた間に氏名の変更があつたときは、最後に国民年金の被保険者でなくなつた当時の氏名

二　転居届及び転出届　国民年金の被保険者である旨

三　法第三十条の四十七の規定による届出　次に掲げる事項

イ　中長期在留者等となる前から引き続き同一の種別の国民年金の被保険者である者にあつては、当該国民年金の被保険者の種別及び基礎年金番号

ロ　中長期在留者等となつたことにより国民年金の被保険者の種別に変更があつた者にあつては、変更後の国民年金の被保険者の種別及び基礎年金番号

ハ　中長期在留者等となつたことにより国民年金の被保険者となつた者にあつては、国民年金の被保険

（児童手当の支給を受けている者に係る届出の特例）

第二十九条の二　この章又は第四章の三の規定による届出をすべき者が児童手当の支給を受けている者であるときは、その者は、当該届出に係る書面に、その受給資格に関する事項で政令で定めるものを付記するものとする。

（米穀の配給を受ける者に係る届出の特例）

第三十条　この章又は第四章の三の規定による届出をすべき者が米穀の配給を受ける者であるときは、その者は、当該届出に係る書面に、米穀の配給に関する事項で**政令で定めるもの**を付記するものとする。

者の種別並びにその者が前に国民年金の被保険者であつたことがある者である場合には、基礎年金番号及び国民年金の被保険者でなかつた間に氏名の変更があつたときは、最後に国民年金の被保険者でなくなつた当時の氏名

（児童手当の支給を受けている者に係る届出の付記事項）

第二十九条　法第二十九条の二に規定する政令で定める事項は、転居届及び転出届について、児童手当の支給を受けている者である旨とする。

（付記がされた書面で届出をする場合の特例）

第四章の二　本人確認情報の処理及び利用等

第一節　住民票コード

（住民票コードの指定）

第三十条の二　地方公共団体情報システム機構（以下「機構」という。）は、総務省令で定めるところにより、市町村長ごとに、当該市町村長が住民票に記載することのできる住民票コードを指定し、これを当該市町村長に通知するものとする。

2　機構は、前項の規定による住民票コードの指定を行う場合には、市町村長に対して指定する住民票コードが当

第三十条　法第二十八条から第二十九条までの規定による付記がされた書面で届出をすべき者は、その者に係る国民健康保険の被保険者証若しくは被保険者資格証明書、後期高齢者医療の被保険者証若しくは被保険者資格証明書、介護保険の被保険者証又は国民年金手帳（国民年金法第十三条の国民年金手帳をいう。）の交付を受けているときは、これらを添えて、その届出をしなければならない。

第五章　本人確認情報の処理及び利用等

（住民票コードの指定等）

第九条　法第三十条の二第一項の規定による住民票コードの指定は、地方公共団体情報システム機構（以下「機構」という。）が市町村の人口等を勘案し、無作為に抽出することにより行うものとする。

2　市町村長（特別区の区長を含む。）は、住民票に記載することのできる住民票コードが不足すると見込まれるときは、機構に対し、当該不足すると見

該指定前に指定した住民票コードと重複しないようにしなければならない。

（住民票コードの記載等）
第三十条の三 市町村長は、次項に規定する場合を除き、住民票の記載をする場合には、当該記載に係る者につき直近に住民票の記載をした市町村長が当該住民票に直近に記載した住民票コードを記載するものとする。

2 市町村長は、新たにその市町村の住民基本台帳に記録されるべき者につき住民票の記載をする場合において、その者がいずれの市町村においても住民基本台帳に記録されたことがない者であるときは、その者に係る住民票に前条第一項の規定により機構から指定された住民票コードのうちから選択するいずれか一の住民票コードを記載するものとする。この場合において、市町村長は、当該記載に係る者以外の者に係る住民票に記載した住民票コードと異なる住民票コードを選択して記載するものとする。

3 市町村長は、前項の規定により住民票コードを記載したときは、速やかに、当該記載に係る者に対し、その旨及び

（住民票コードの記載）
第三十条の二 市町村長は、法第三十条の三第二項に規定する場合を除き、住民票の記載をする場合において、当該記載に係る者につき直近に住民票の記載をした市町村長が当該住民票に直近に記載した住民票コードが判明しないときは、その者に係る住民票に法第三十条の二第一項の規定により地方公共団体情報システム機構（以下「機構」という。）から指定された住民票コードのうちから選択するいずれか一の新たな住民票コードを記載するものとする。この場合において、市町村長は、当該記載に係る者以外の者に係る住民票に記載した住民票コードと異なる住民票コードを選択して記載するものとする。

2 市町村長は、前項の規定により新たな住民票コードを記載したときは、速やかに、当該記載に係る者に対し、新たな住民票コードを記載した旨及び新たに記載された住民票コードを書面により通知しなければならない。

込まれる数の住民票コードについて法第三十条の二第一項の規定による指定及び通知を求めることができる。

当該住民票コードを書面により通知しなければならない。

（住民票コードの記載の変更請求）

第三十条の四　住民基本台帳に記録されている者は、その者が記録されている住民基本台帳を備える市町村の市町村長に対し、その者に係る住民票に記載されている住民票コードの記載の変更を請求することができる。

2　前項の規定による住民票コードの記載の変更の請求（以下この条において「変更請求」という。）をしようとする者は、政令で定めるところにより、その旨その他総務省令で定める事項を記載した変更請求書を、その者が記録されている住民基本台帳を備える市町村の市町村長に提出しなければならない。

（住民票コードの記載の変更請求書の提出方法）

第三十条の三　法第三十条の四第一項の規定により住民票コードの記載の変更の請求をしようとする者は、同条第二項に規定する変更請求書を提出する際に、個人番号カード又は総務省令で定める書類を提示しなければならない。

（住民票コードの記載の変更請求書の提出の際に提示する書類）

第九条の二　令第三十条の三に規定する総務省令で定める書類は、次に掲げるいずれかの書類であって、請求者の氏名が記載されているものとする。

一　運転免許証、健康保険の被保険者証その他法律又はこれに基づく命令の規定により交付された書類であって当該請求者が本人であることを確認するため市町村長が適当と認めるもの

二　前号に掲げる書類をやむを得ない理由により提示することができない場合には、当該請求者が本人であることを確認するため市町村長が適当と認める書類

3　市町村長は、前項の変更請求書の提出があつた場合には、当該変更請求をした者に係る住民票に従前記載されていた住民票コードに代えて、第三十条の二第一項の規定により機構から指定された住民票コードのうちから選択するいずれか一の新たな住民票コードをその者に係る住民票に記載するものとする。この場合において、市町村長は、当該記載に係る者以外の者に係る住民票に記載した住民票コードと異なる住民票コードを選択して記載するものとする。

4　市町村長は、前項の規定により新たな住民票コードを記載したときは、速やかに、当該変更請求をした者に対し、住民票コードの記載の変更をした旨及び新たに記載された住民票コードを書面により通知しなければならない。

（政令への委任）

（住民票コードに係る住民票の記載の

（住民票コードの記載の変更請求書の記載事項）

第十条　法第三十条の四第二項の総務省令で定める事項は、住民票コードの記載の変更を請求しようとする者の氏名、住所及び住民票コードとする。

第三十条の五 前三条に定めるもののほか、住民票コードの記載に関し必要な事項は、政令で定める。

第二節 本人確認情報の通知及び保存等

（市町村長から都道府県知事への本人確認情報の通知等）

第三十条の六 市町村長は、住民票の記載、消除又は第七条第一号から第三号まで、第七号、第八号の二及び第十三号に掲げる事項（同条第七号に掲げる事項については、住所とする。以下この項において同じ。）の全部若しくは一部についての記載の修正を行つた場合には、当該住民票の記載等に係る本人確認情報（住民票に記載されている同条第一号から第三号まで、第七号、

（修正）

第三十条の四 市町村長は、住民票に住民票コードに係る誤記又は記載漏れがあることを知つたときは、当該事実を確認して、職権で、当該住民票の記載の修正をしなければならない。

2　市町村長は、前項の規定により住民票の記載の修正をしたときは、速やかに、当該記載の修正に係る者に対し、住民票コードに係る記載の修正をした旨及び新たに記載された住民票コードを書面により通知しなければならない。

（都道府県知事に通知する住民票の記載等に関する事項）

第三十条の五 法第三十条の六第一項に規定する住民票の記載等に関する事項で政令で定めるものは、次の各号に掲げる場合の区分に応じ、当該各号に定める事項とする。

一　住民票の記載を行つた場合　住民票の記載を行つた旨並びに転入その他の総務省令で定める記載の事由及びその事由が生じた年月日

（都道府県知事に通知する住民票の記載等に関する事項）

第十一条 令第三十条の五第一号に規定する総務省令で定める記載の事由は、次に掲げる場合の区分に応じ、当該各

第八号の二及び第十三号に掲げる事項（住民票の消除を行つた場合には、当該住民票に記載されていたこれらの事項）並びに住民票の記載等に関する事項で政令で定めるものをいう。以下同じ。）を都道府県知事に通知するものとする。

号に定める事項とする。
一　法第二十二条の規定による届出（次号に掲げる届出を除く。）に基づき住民票の記載を行った場合　国内転入
二　法第二十二条の規定による届出（国外から転入をする旨の届出に限る。）並びに第三十条の四十六及び第三十条の四十七の規定による届出に基づき住民票の記載を行った場合　国外転入等
三　出生の届出（戸籍法（昭和二十二年法律第二百二十四号）第四十九条に規定する出生の届出をいう。以下この号において同じ。）の受理に伴い住民票の記載を行った場合又は法第九条第二項の規定による通知（出生の届出の受理に係るものに限る。）に基づき住民票の記載を行った場合　出生
四　令第八条の二第一項の規定により住民票の記載を行った場合　職権記載等（帰化等）
五　令第八条の二第二項の規定により住民票の記載を行った場合　職権記載等（国籍喪失）
六　前各号に掲げる場合以外の場合　職権記載等

二　住民票の消除を行つた場合　住民票の消除を行つた旨並びに転出その他の総務省令で定める消除の事由及びその事由が生じた年月日（転出届に基づき住民票の消除を行つた場合にあつては、転出の予定年月日）

2　令第三十条の五第二号に規定する総務省令で定める消除の事由は、次に掲げる場合の区分に応じ、当該各号に定める事項とする。
一　法第二十四条の規定による届出（次号に掲げる届出を除く。）に基づき住民票の消除を行った場合　国内転出
二　法第二十四条の規定による届出（国外に転出をする旨の届出に限る。）に基づき住民票の消除を行った場合　国外転出
三　死亡の届出（戸籍法第八十六条に規定する死亡の届出をいう。以下この号において同じ。）の受理に伴い住民票の消除を行った場合又は法第九条第二項の規定による通知（死亡の届出の受理に係るものに限る。）に基づき住民票の消除を行った場合　死亡
四　令第八条の二第一項の規定により住民票の消除を行った場合　職権消除等（帰化等）
五　令第八条の二第二項の規定により住民票の消除を行った場合　職権消除等（国籍喪失）
六　前各号に掲げる場合以外の場合　職権消除等

三　法第七条第一号から第三号まで及び第七号に掲げる事項（同号に掲げる事項については、住所とする。）の全部又は一部についての記載の修正を行つた場合　住民票の記載の修正を行つた旨並びに転居その他の総務省令で定める記載の修正の事由及びその事由が生じた年月日

3　令第三十条の五第三号に規定する総務省令で定める記載の修正の事由は、次に掲げる場合の区分に応じ、当該各号に定める事項とする。
一　法第二十三条の規定による届出に基づき住民票の記載の修正を行った場合　転居
二　次に掲げる氏名又は住所に係る記載の修正を行った場合　軽微な修正
イ　常用平易な文字（戸籍法第五十条第一項に規定する常用平易な文字をいう。以下同じ。）以外の文字の常用平易な文字への変更に伴う氏名又は住所に係る記載の修正
ロ　文字の同定に伴う氏名又は住所に係る記載の修正（イに該当するものを除く。）
ハ　行政区画、郡、区、市町村内の町若しくは字又はこれらの名称の変更に伴う住所に係る記載の修正
ニ　地番の変更に伴う住所に係る記載の修正
ホ　住居表示に関する法律（昭和三十七年法律第百十九号）第三条第一項及び第二項又は第四条の規定による住居表示の実施又は変更に伴う住所に係る記載の修正
へ　共同住宅、寄宿舎、下宿、病院、

四　法第七条第八号の二に掲げる事項についての記載の修正を行つた場合
　住民票の記載の修正を行つた旨、個人番号の変更請求その他の総務省令で定める記載の修正の事由及びその事由が生じた年月日並びに当該住民票の記載の修正前に記載されていた個人番号（当該住民票に個人番号が記載されていなかつた場合を除く。）
五　法第七条第十三号に掲げる事項についての記載の修正を行つた場合
　住民票の記載の修正を行つた旨、総務省令で定める記載の修正の事由及

診療所、児童福祉施設、ホテル、旅館その他これらに類する用途に供する建築物の名称又は建物の賃貸人の変更に伴う住所に係る記載の修正
　ト　イからへまでに掲げるもののほか、総務大臣が適当と認めるものに伴う氏名又は住所に係る記載の修正
三　前二号に掲げる場合以外の場合
　職権修正等
4　令第三十条の五第四号に規定する総務省令で定める記載の修正の事由は、次に掲げる場合の区分に応じ、当該各号に定める事項とする。
一　番号利用法第七条第二項の規定による個人番号の指定の請求に基づき個人番号の記載の修正を行った場合
　個人番号の変更請求
二　番号利用法第七条第二項の規定により職権で個人番号の記載の修正を行った場合　個人番号の職権修正
三　前二号に掲げる場合以外の場合
　個人番号の職権記載等
5　令第三十条の五第五号に規定する総務省令で定める記載の修正の事由は、次に掲げる場合の区分に応じ、当該各号に定める事項とする。

2　前項の規定による通知は、総務省令で定めるところにより、市町村長の使用に係る電子計算機から電気通信回線を通じて都道府県知事の使用に係る電子計算機に送信することによつて行うものとする。

3　第一項の規定による通知を受けた都道府県知事は、総務省令で定めるところにより、当該通知に係る本人確認情報を磁気ディスクに記録し、これを当該通知の日から政令で定める期間保存しなければならない。

びその事由が生じた年月日並びに当該住民票の記載の修正前に記載されていた住民票コード（当該住民票に住民票コードが記載されていなかつた場合を除く。）

（都道府県における本人確認情報の保存期間）

第三十条の六　法第三十条の六第三項に規定する政令で定める期間は、次の各号に掲げる同条第一項に規定する本人確認情報（以下この条、次条及び第三十四条第三項において「本人確認情報」という。）の区分に応じ、当該本人確認情報の通知の日から当該各号に定める日までの期間とする。

一　住民票の記載又は記載の修正が行われたことにより通知された本人確認情報　当該本人確認情報に係る者に係る新たな本人確認情報の通知を

一　法第三十条の四第一項の規定による変更請求に基づき住民票コードの記載の修正を行った場合　住民票コードの変更請求

二　前号に掲げる場合以外の場合　住民票コードの職権記載等

（都道府県知事への通知の方法）

第十二条　法第三十条の六第二項の規定による通知は、電子計算機の操作によるものとし、電気通信回線を通じた送信の方法に関する技術的基準については、総務大臣が定める。

（都道府県における本人確認情報の記録及び保存の方法）

第十三条　法第三十条の六第三項の規定による本人確認情報の記録及び保存は、電子計算機の操作によるものとし、磁気ディスクへの記録及びその保存の方法に関する技術的基準については、総務大臣が定める。

（都道府県知事から機構への本人確認情報の通知等）

第三十条の七 都道府県知事は、前条第一項の規定による通知に係る本人確認情報を、機構に通知するものとする。

2 前項の規定による通知は、総務省令で定めるところにより、都道府県知事の使用に係る電子計算機から電気通信回線を通じて機構の使用に係る電子計算機に送信することによつて行うものとする。

3 第一項の規定による通知を受けた機構は、総務省令で定めるところにより、当該通知に係る本人確認情報を磁気ディスクに記録し、これを当該通知の日から政令で定める期間保存しなければならない。

受けた日から起算して百五十年を経過する日

二 住民票の消除が行われたことにより通知された本人確認情報 当該本人確認情報の通知の日から起算して百五十年を経過する日

（機構における本人確認情報の保存期間）

第三十条の七 法第三十条の七第三項に規定する政令で定める期間は、次の各号に掲げる本人確認情報の区分に応じ、当該本人確認情報の通知の日から当該各号に定める日までの期間とする。

一 住民票の記載又は記載の修正が行われたことにより通知された本人確

（機構への通知の方法）

第十四条 法第三十条の七第二項の規定による通知は、電子計算機の操作によるものとし、電気通信回線を通じた送信の方法に関する技術的基準については、総務大臣が定める。

（機構における本人確認情報の記録及び保存の方法）

第十五条 法第三十条の七第三項の規定による本人確認情報の記録及び保存は、電子計算機の操作によるものとし、磁気ディスクへの記録及びその保存の方法に関する技術的基準については、総務大臣が定める。

（本人確認情報の誤りに関する機構の通報）

第三十条の八 機構は、その事務を管理し、又は執行するに当たつて、第三十条の六第三項の規定により都道府県知事が保存する本人確認情報であつて同項の規定による保存期間が経過していないもの（以下「都道府県知事保存本人確認情報」という。）に誤りがあることを知つたときは、遅滞なく、その旨を当該都道府県知事保存本人確認情報を保存する都道府県知事に通報するものとする。

第三節 本人確認情報の提供及び利用等

（国の機関等への本人確認情報の提供）

第三十条の九 機構は、別表第一の上欄

認情報　当該本人確認情報に係る者に係る新たな本人確認情報の通知を受けた日から起算して百五十年を経過する日

二　住民票の消除が行われたことにより通知された本人確認情報　当該本人確認情報の通知の日から起算して百五十年を経過する日

（国の機関等への本人確認情報の提供方法）

に掲げる国の機関又は法人から同表の下欄に掲げる事務の処理に関し求めがあつたときは、政令で定めるところにより、第三十条の七第三項の規定により機構が保存する本人確認情報であつて同項の規定による保存期間が経過していないもの（以下「機構保存本人確認情報」という。）のうち住民票コード以外のものを提供するものとする。ただし、個人番号については、当該別表第一の上欄に掲げる国の機関又は法人が番号利用法第九条第一項の規定により個人番号を利用することができる場合に限り、提供するものとする。

（総務省への住民票コードの提供）

第三十条の九の二　機構は、総務省から番号利用法第二十一条第二項又は第二十一条の二第一項（これらの規定を番号利用法第二十六条において準用する場合を含む。）の規定による事務の処理に関し求めがあつたときは、政令で

第三十条の八　機構が行う法第三十条の九の規定による同条に規定する機構保存本人確認情報のうち住民票コード以外のもの（以下この章において「特定機構保存本人確認情報」という。）の法別表第一の上欄に掲げる国の機関又は法人（以下この条において「国の機関等」という。）への提供は、次のいずれかの方法により行うものとする。

一　総務省令で定めるところにより、機構の使用に係る電子計算機から電気通信回線を通じて国の機関等の使用に係る電子計算機に特定機構保存本人確認情報を送信する方法

二　総務省令で定めるところにより、機構から特定機構保存本人確認情報を記録した磁気ディスクを国の機関等に送付する方法

（総務省への住民票コードの提供方法）

第三十条の八の二　機構が行う法第三十条の九の二第一項の規定による住民票コードの総務省への提供については、行政手続における特定の個人を識別するための番号の利用等に関する法律施行令（平成二十六年政令第百五十五号。

（国の機関等への本人確認情報の提供方法）

第十六条　令第三十条の八第一号及び第二号の規定による特定機構保存本人確認情報（同条に規定する特定機構保存本人確認情報をいう。以下同じ。）の提供は、電子計算機の操作によるものとし、電気通信回線を通じた送信又は磁気ディスクの送付の方法に関する技術的基準については、総務大臣が定める。

定めるところにより、当該求めに係る者の住民票に記載された住民票コードを提供するものとする。

2　機構は、前項の規定により提供した住民票コードが記載された住民票について当該住民票コードの記載の修正が行われたことを知つたときは、総務省に対し、修正前及び修正後の住民票コードを提供するものとする。

3　前二項に規定する場合において、機構は、機構保存本人確認情報を利用することができる。

（通知都道府県の区域内の市町村の執

以下この条において「番号利用法施行令」という。）第二十七条第三項及び第四項（これらの規定を番号利用法施行令第二十九条の二において準用する場合を含む。次項において同じ。）に定めるところによる。

2　機構が行う法第三十条の九の二第二項の規定による修正前及び修正後の住民票コードの総務省への提供については、番号利用法施行令第二十七条第三項及び第四項の規定を準用する。この場合において、同条第三項中「情報照会者等から第一項の規定による通知を受けた」とあるのは「行政手続における特定の個人を識別するための番号の利用等に関する法律施行令（平成二十六年政令第百五十五号）第二十七条第三項の規定により総務大臣に通知した同条第一項の特定の個人に係る住民票コードが記載された住民票について、当該住民票コードの記載の修正が行われたことを知った」と、「同項の取得番号及び同項の特定の個人に係る住民票に記載された」とあるのは「当該特定の個人に係る修正前及び修正後の」と読み替えるものとする。

（通知都道府県の区域内の市町村の執

行機関への本人確認情報の提供）

第三十条の十　機構は、次の各号のいずれかに該当する場合には、政令で定めるところにより、本人確認情報を第三十条の七第一項の規定により通知した都道府県知事が統括する都道府県（以下「通知都道府県」という。）の区域内の市町村の市町村長その他の執行機関に対し、機構保存本人確認情報（第一号及び第二号に掲げる場合にあつては、住民票コードを除く。）を提供するものとする。ただし、第一号に掲げる場合にあつては、個人番号については、当該市町村長その他の市町村の執行機関が番号利用法第九条第一項の規定により個人番号を利用することができる場合に限り、提供するものとする。

一　通知都道府県の区域内の市町村の市町村長その他の執行機関であつて別表第二の上欄に掲げるものから同表の下欄に掲げる事務の処理に関し求めがあつたとき。

二　通知都道府県の区域内の市町村の市町村長その他の執行機関から番号利用法第九条第二項の規定に基づき条例で定める事務の処理に関し求めがあつたとき。

三　通知都道府県の区域内の市町村の

行機関への本人確認情報の提供方法）

第三十条の九　機構が行う法第三十条の十第一項（第一号及び第二号に係る部分に限る。）の規定による特定機構保存本人確認情報の通知都道府県（同項に規定する通知都道府県をいう。次条及び第三十条の十一において同じ。）の区域内の市町村の市町村長その他の執行機関（以下この条において「区域内の市町村の執行機関」という。）への提供は、次のいずれかの方法により行うものとする。

一　総務省令で定めるところにより、機構の使用に係る電子計算機から電気通信回線を通じて区域内の市町村の執行機関の使用に係る電子計算機に特定機構保存本人確認情報を送信する方法

二　総務省令で定めるところにより、機構から特定機構保存本人確認情報を記録した磁気ディスクを区域内の市町村の執行機関に送付する方法

（通知都道府県の区域内の市町村の執行機関への本人確認情報の提供方法）

第十七条　令第三十条の九第一号及び第二号の規定による特定機構保存本人確認情報の提供は、電子計算機の操作によるものとし、電気通信回線を通じた送信又は磁気ディスクの送付の方法に関する技術的基準については、総務大臣が定める。

市町村長から住民基本台帳に関する事務の処理に関し求めがあつたとき。

2　前項（第三号に係る部分に限る。）の規定による通知都道府県の区域内の市町村の市町村長への機構保存本人確認情報の提供は、総務省令で定めるところにより、機構の使用に係る電子計算機から電気通信回線を通じて当該市町村長の使用に係る電子計算機に送信することによつて行うものとする。ただし、特別の求めがあつたときは、この限りでない。

（通知都道府県以外の都道府県の執行機関への本人確認情報の提供）

第三十条の十一　機構は、次の各号のいずれかに該当する場合には、政令で定めるところにより、通知都道府県以外の都道府県の都道府県知事その他の執行機関に対し、機構保存本人確認情報（第一号及び第二号に掲げる場合にあつては、住民票コードを除く。）を提供するものとする。ただし、第一号に掲げる場合にあつては、個人番号については、当該都道府県知事その他の都道府県の執行機関が番号利用法第九条第一項の規定により個人番号を利用す

（通知都道府県以外の都道府県の執行機関への本人確認情報の提供方法）

第三十条の十　機構が行う法第三十条の十一第一項（第一号及び第二号に係る部分に限る。）の規定による特定機構保存本人確認情報の通知都道府県以外の都道府県の都道府県知事その他の執行機関（以下この条において「他の都道府県の執行機関」という。）への提供は、次のいずれかの方法により行うものとする。

一　総務省令で定めるところにより、機構の使用に係る電子計算機から電気通信回線を通じて他の都道府県の

（通知都道府県の区域内の市町村の市町村長への本人確認情報の提供方法）

移動

第二十条　法第三十条の十第二項の規定による機構保存本人確認情報（法第三十条の九に規定する機構保存本人確認情報をいう。以下同じ。）の提供は、電子計算機の操作によるものとし、電気通信回線を通じた送信の方法に関する技術的基準については、総務大臣が定める。

（通知都道府県以外の都道府県の執行機関への本人確認情報の提供方法）

第十八条　令第三十条の十第一号及び第

ることができる場合に限り、提供するものとする。
一　通知都道府県以外の都道府県の都道府県知事その他の執行機関であつて別表第三の上欄に掲げるものから同表の下欄に掲げる事務の処理に関し求めがあつたとき。
二　通知都道府県以外の都道府県の都道府県知事その他の執行機関から番号利用法第九条第二項の規定に基づき条例で定める事務の処理に関し求めがあつたとき。
三　通知都道府県以外の都道府県の都道府県知事から第三十条の二十二第二項の規定による事務の処理に関し求めがあつたとき。

2　前項（第三号に係る部分に限る。）の規定による通知都道府県以外の都道府県の都道府県知事への機構保存本人確認情報の提供は、総務省令で定めるところにより、機構の使用に係る電子計算機から電気通信回線を通じて当該都道府県知事の使用に係る電子計算機に送信することによつて行うものとする。ただし、特別の求めがあつたときは、この限りでない。

（通知都道府県以外の都道府県の区域

執行機関の使用に係る電子計算機に特定機構保存本人確認情報を送信する方法
二　総務省令で定めるところにより、機構から特定機構保存本人確認情報を記録した磁気ディスクを他の都道府県の執行機関に送付する方法

（通知都道府県以外の都道府県の区域

二号の規定による特定機構保存本人確認情報の提供は、電子計算機の操作によるものとし、電気通信回線を通じた送信又は磁気ディスクの送付の方法に関する技術的基準については、総務大臣が定める。

（通知都道府県以外の都道府県の都道府県知事への本人確認情報の提供方法） 移動

第二十条の二　法第三十条の十一第二項の規定による機構保存本人確認情報の提供は、電子計算機の操作によるものとし、電気通信回線を通じた送信の方法に関する技術的基準については、総務大臣が定める。

（都道府県の区域内の市町村の執行機関への本人確認情報の提供）

第三十条の十二　機構は、次の各号のいずれかに該当する場合には、政令で定めるところにより、通知都道府県以外の都道府県の区域内の市町村の市町村長その他の執行機関に対し、機構保存本人確認情報（第一号及び第二号に掲げる場合にあつては、住民票コードを除く。）を提供するものとする。ただし、第一号に掲げる場合にあつては、個人番号については、当該市町村長その他の市町村の執行機関が番号利用法第九条第一項の規定により個人番号を利用することができる場合に限り、提供するものとする。

一　通知都道府県以外の都道府県の区域内の市町村の市町村長その他の執行機関であつて別表第四の上欄に掲げるものから通知都道府県以外の都道府県の都道府県知事を経て同表の下欄に掲げる事務の処理に関し求めがあつたとき。

二　通知都道府県以外の都道府県の区域内の市町村の市町村長その他の執行機関から番号利用法第九条第二項の規定に基づき条例で定める事務の処理に関し求めがあつたとき。

（他の都道府県の区域内の市町村の執行機関への本人確認情報の提供方法）

第三十条の十一　機構が行う法第三十条の十二第一項（第一号及び第二号に係る部分に限る。）の規定による特定機構保存本人確認情報の通知都道府県以外の都道府県の区域内の市町村の市町村長その他の執行機関（以下この条において「他の都道府県の区域内の市町村の執行機関」という。）への提供は、次のいずれかの方法により行うものとする。

一　総務省令で定めるところにより、機構の使用に係る電子計算機から電気通信回線を通じて他の都道府県の区域内の市町村の執行機関の使用に係る電子計算機に特定機構保存本人確認情報を送信する方法

二　総務省令で定めるところにより、機構から特定機構保存本人確認情報を記録した磁気ディスクを他の都道府県の区域内の市町村の執行機関に送付する方法

（通知都道府県以外の都道府県の区域内の市町村の執行機関への本人確認情報の提供方法）

第十九条　令第三十条の十一第一号及び第二号の規定による特定機構保存本人確認情報の提供は、電子計算機の操作によるものとし、電気通信回線を通じた送信又は磁気ディスクの送付の方法に関する技術的基準については、総務大臣が定める。

三　通知都道府県以外の都道府県の区域内の市町村の市町村長から通知都道府県以外の都道府県の都道府県知事を経て住民基本台帳に関する事務の処理に関し求めがあつたとき。

2　前項（第三号に係る部分に限る。）の規定による通知都道府県以外の都道府県の区域内の市町村の市町村長への機構保存本人確認情報の提供は、総務省令で定めるところにより、機構の使用に係る電子計算機から電気通信回線を通じて当該市町村長の使用に係る電子計算機に送信することによつて行うものとする。ただし、特別の求めがあつたときは、この限りでない。

（都道府県の条例による本人確認情報の提供）

第三十条の十三　都道府県知事は、当該都道府県の区域内の市町村の市町村長その他の執行機関であつて条例で定めるものから条例で定める事務の処理に関し求めがあつたときは、条例で定めるところにより、当該市町村長その他の市町村の執行機関に対し、都道府県知事保存本人確認情報（住民票コード及び個人番号を除く。以下この条において同じ。）を提供するものとする。

（通知都道府県以外の都道府県の区域内の市町村の市町村長への本人確認情報の提供方法）

第二十条の三　法第三十条の十二第二項の規定による機構保存本人確認情報の提供は、電子計算機の操作によるものとし、電気通信回線を通じた送信の方法に関する技術的基準については、総務大臣が定める。

2　都道府県知事は、他の都道府県の都道府県知事その他の執行機関であつて条例で定めるものから条例で定める事務の処理に関し求めがあつたときは、条例で定めるところにより、当該都道府県知事その他の都道府県の執行機関に対し、都道府県知事保存本人確認情報を提供するものとする。

3　都道府県知事は、他の都道府県の区域内の市町村の市町村長その他の執行機関であつて条例で定めるものから他の都道府県の都道府県知事を経て条例で定める事務の処理に関し求めがあつたときは、条例で定めるところにより、当該市町村長その他の市町村の執行機関に対し、都道府県知事保存本人確認情報を提供するものとする。

（市町村の条例による本人確認情報の提供）

第三十条の十四　市町村長は、他の市町村の市町村長その他の執行機関であつて条例で定めるものから条例で定める事務の処理に関し求めがあつたときは、条例で定めるところにより、当該市町村長その他の市町村の執行機関に対し、本人確認情報（住民票コード及び個人番号を除く。）を提供するものとする。

（本人確認情報の利用）

第三十条の十五 都道府県知事は、次の各号のいずれかに該当する場合には、都道府県知事保存本人確認情報（住民票コードを除く。次項において同じ。）を利用することができる。ただし、個人番号については、当該都道府県知事が番号利用法第九条第一項又は第二項の規定により個人番号を利用することができる場合に限り、利用することができるものとする。

一 別表第五に掲げる事務を遂行するとき。

二 条例で定める事務を遂行するとき。

三 本人確認情報の利用につき当該本人確認情報に係る本人が同意した事務を遂行するとき。

四 統計資料の作成を行うとき。

2 都道府県知事は、次の各号のいずれかに該当する場合には、第一号に掲げる場合にあつては政令で定めるところにより、第二号に掲げる場合にあつては条例で定めるところにより、都道府県知事以外の当該都道府県の執行機関に対し、都道府県知事保存本人確認情報を提供するものとする。ただし、個人番号については、当該都道府県の執行機関が番号利用法第九条第一項又は

（都道府県知事以外の当該都道府県の執行機関への本人確認情報の提供方法）

第三十条の十二 都道府県知事が行う法第三十条の十五第二項（第一号に係る部分に限る。）の規定による法第三十条の八に規定する都道府県知事保存本人確認情報のうち住民票コード以外のもの（以下この条において「特定都道府県知事保存本人確認情報」という。）

（都道府県知事以外の当該都道府県の執行機関への本人確認情報の提供方法）

第二十一条 令第三十条の十二の規定による特定都道府県知事保存本人確認情報（同条に規定する特定都道府県知事保存本人確認情報をいう。）の提供は、電子計算機の操作によるものとし、電気通信回線を通じた送信又は磁気ディスクの送付の方法に関する技術的基準

第二項の規定により個人番号を利用することができる場合に限り、提供するものとする。
一　都道府県知事以外の当該都道府県の執行機関であつて別表第六の上欄に掲げるものから同表の下欄に掲げる事務の処理に関し求めがあつたとき。
二　都道府県知事以外の当該都道府県の執行機関であつて条例で定めるものから条例で定める事務の処理に関し求めがあつたとき。

3　機構は、機構保存本人確認情報（個人番号を除く。）を、電子署名等に係る地方公共団体情報システム機構の認証業務に関する法律（平成十四年法律第百五十三号）第八条、第十二条、第十三条、第十八条第三項、第二十七条、第三十条、第三十一条及び第三十四条第二項の規定による事務その他の番号利用法第三十八条の二第一項に規定する機構処理事務のうち**総務省令で定めるもの**に利用することができる。

の都道府県知事以外の当該都道府県の執行機関（以下この条において「都道府県知事以外の執行機関」という。）への提供は、次のいずれかの方法により行うものとする。
一　総務省令で定めるところにより、都道府県知事の使用に係る電子計算機から電気通信回線を通じて都道府県知事以外の執行機関の使用に係る電子計算機に特定都道府県知事保存本人確認情報を送信する方法
二　総務省令で定めるところにより、都道府県知事から特定都道府県知事保存本人確認情報を記録した磁気ディスクを都道府県知事以外の執行機関に送付する方法

については、総務大臣が定める。

4　機構は、機構保存本人確認情報を、番号利用法第八条第二項の規定による事務その他の番号利用法第三十八条の二第一項に規定する機構処理事務のうち総務省令で定めるものに利用することができる。

（報告書の公表）

第三十条の十六　機構は、毎年少なくとも一回、第三十条の九及び第三十条の九の二の規定による機構保存本人確認情報及び住民票コードの提供の状況について、総務省令で定めるところにより、報告書を作成し、これを公表しなければならない。

（本人確認情報を利用することができる事務）

第二十一条の二　法第三十条の十五第四項に規定する総務省令で定める事務は、次に掲げるとおりとする。

一　番号利用法第八条第二項に規定する事務

二　行政手続における特定の個人を識別するための番号の利用等に関する法律の規定による通知カード及び個人番号カード並びに情報提供ネットワークシステムによる特定個人情報の提供等に関する省令（平成二十六年総務省令第八十五号）第三十五条第一項第四号、第五号及び第七号に規定する事務

（機構における本人確認情報及び住民票コードの提供状況についての報告書の作成及び公表）

第二十二条　法第三十条の十六の規定による報告書の作成及び公表は、次の各号に掲げる事項につき報告書を作成し、官報に公告し、かつ、機構の事務所に備えて置き、五年間、一般の閲覧に供するものとする。

一　機構保存本人確認情報の提供先、機構保存本人確認情報の提供を行っ

（本人確認情報管理規程）

第三十条の十七　機構は、この法律の規定により機構が処理することとされている事務（以下「本人確認情報処理事務」という。）の実施に関し総務省令で定める事項について本人確認情報管理規程を定め、総務大臣の認可を受けなければならない。これを変更しようとするときも、同様とする。

た年月、提供した機構保存本人確認情報の件数及び機構保存本人確認情報の提供の方法

二　住民票コードの提供を行った年月、提供した住民票コードの件数

（本人確認情報管理規程の記載事項）

第二十三条　法第三十条の十七第一項の総務省令で定める事項は、次のとおりとする。

一　法第三十条の七第一項の規定による通知に係る本人確認情報（以下「本人確認情報」という。）の適正な管理に関する職員の意識の啓発及び教育に関する事項

二　法第三十条の十七第一項に定める事務（以下「本人確認情報処理事務」という。）の実施に係る事務を統括管理する者に関する事項

三　本人確認情報の消去を適切に実施するための必要な措置に関する事項

四　本人確認情報の漏えい、滅失及び毀損を防止するための措置に関する事項

五　本人確認情報処理事務に関する帳簿、書類、資料及び磁気ディスクの保存に関する事項

六　本人確認情報処理事務に関して知

り得た秘密の保持に関する事項
七　本人確認情報の処理に係る電子計算機及び端末装置を設置する場所の入出場の管理その他これらの施設への不正なアクセスを予防するための措置に関する事項
八　本人確認情報の処理に係る電子計算機及び端末装置が不正に操作された疑いがある場合における調査その他不正な操作に対する必要な措置に関する事項
九　本人確認情報処理事務の実施に係る監査に関する事項
十　前各号に掲げるもののほか、本人確認情報の適切な管理を図るための必要な措置に関する事項
2　機構は、法第三十条の十七第一項前段の規定による認可を受けようとするときは、その旨を記載した申請書に本人確認情報管理規程を添えて総務大臣に提出しなければならない。
3　機構は、法第三十条の十七第一項後段の規定による変更の認可を受けようとするときは、次に掲げる事項を記載した申請書を総務大臣に提出しなければならない。
一　変更しようとする事項
二　変更しようとする年月日

2　総務大臣は、前項の規定により認可をした本人確認情報管理規程が本人確認情報処理事務の適正かつ確実な実施上不適当となつたと認めるときは、機構に対し、これを変更すべきことを命ずることができる。

（帳簿の備付け）
第三十条の十八　機構は、総務省令で定めるところにより、本人確認情報処理事務に関する事項で総務省令で定めるものを記載した帳簿を備え、保存しなければならない。

（監督命令等）
第三十条の十九　総務大臣は、本人確認情報処理事務の適正な実施を確保するため必要があると認めるときは、機構に対し、本人確認情報処理事務の実施に関し監督上必要な命令をすることができる。

（報告及び立入検査）
第三十条の二十　総務大臣は、本人確認情報処理事務の適正な実施を確保する

三　変更の理由

（帳簿の記載）
第二十四条　法第三十条の十八の総務省令で定める事項は、機構保存本人確認情報の提供先、機構保存本人確認情報の提供を行った年月日、提供した機構保存本人確認情報の件数及び機構保存本人確認情報の提供の方法とする。

ため必要があると認めるときは、機構に対し、本人確認情報処理事務の実施の状況に関し必要な報告を求め、又はその職員に、機構の事務所に立ち入り、本人確認情報処理事務の実施の状況若しくは帳簿、書類その他の物件を検査させることができる。

2 前項の規定により立入検査をする職員は、その身分を示す証明書を携帯し、関係人の請求があつたときは、これを提示しなければならない。

3 第一項の規定による立入検査の権限は、犯罪捜査のために認められたものと解釈してはならない。

（都道府県知事に対する技術的な助言等）

第三十条の二十一 機構は、都道府県知事に対し、第三十条の六第一項の規定による通知に係る本人確認情報の電子計算機処理（電子計算機を使用して行われる情報の入力、蓄積、編集、加工、修正、更新、検索、消去、出力又はこれらに類する処理をいう。以下同じ。）に関し必要な技術的な助言及び情報の提供を行うものとする。

（市町村間の連絡調整等）

第三十条の二十二 都道府県知事は、第三十条の六第二項の規定による電気通信回線を通じた本人確認情報の送信その他この章に規定する市町村の事務の処理に関し、当該都道府県の区域内の市町村相互間における必要な連絡調整を行うものとする。

2 都道府県知事は、当該都道府県の区域内の市町村の市町村長に対し、住民基本台帳に住民に関する正確な記録が行われるよう、必要な協力をするものとする。

3 機構は、都道府県知事に対し、当該都道府県の区域内の市町村の住民基本台帳に住民に関する正確な記録が行われるよう、必要な協力をしなければならない。

（本人確認情報等の提供に関する手数料）

第三十条の二十三 機構は、第三十条の九又は第三十条の九の二第一項に規定する求めを行う別表第一の上欄に掲げる国の機関若しくは法人又は総務省から、総務大臣の認可を受けて定める額の手数料を徴収することができる。

第四節　本人確認情報の保護

（本人確認情報の安全確保）

第三十条の二十四　都道府県知事は、第三十条の六第一項の規定による通知に係る本人確認情報の電子計算機処理等（電子計算機処理又は情報の入力のための準備作業若しくは磁気ディスクの保管をいう。以下同じ。）を行うに当たつては、当該本人確認情報の漏えい、滅失及び毀損の防止その他の当該本人確認情報の適切な管理のために必要な措置を講じなければならない。

2　機構は、第三十条の七第一項の規定による通知に係る本人確認情報の電子計算機処理等を行うに当たつては、当該本人確認情報の漏えい、滅失及び毀損の防止その他の当該本人確認情報の適切な管理のために必要な措置を講じなければならない。

3　前二項の規定は、都道府県知事又は機構から第三十条の六第一項又は第三十条の七第一項の規定による通知に係る本人確認情報の電子計算機処理等の委託（二以上の段階にわたる委託を含む。）を受けた者が受託した業務を行う場合について準用する。

（本人確認情報の提供及び利用の制限）

第三十条の二十五　都道府県知事は、第三十条の十三、第三十条の十五第一項若しくは第二項又は第三十七条第二項の規定により都道府県知事保存本人確認情報を提供し、又は利用する場合を除き、第三十条の六第一項の規定による通知に係る本人確認情報を提供し、又は利用してはならない。

2　機構は、第三十条の九から第三十条の十二まで、第三十条の十五第三項若しくは第四項又は第三十七条第二項の規定により機構保存本人確認情報又は住民票コードを提供し、又は利用する場合を除き、第三十条の七第一項の規定による通知に係る本人確認情報を提供し、又は利用してはならない。

（本人確認情報の電子計算機処理等に従事する市町村若しくは都道府県又は機構の職員等の秘密保持義務）

第三十条の二十六　本人確認情報の電子計算機処理等に関する事務に従事する市町村の職員若しくは職員であつた者又は第三十条の六第一項の規定による通知に係る本人確認情報の電子計算機処理等に関する事務に従事する都道府県の職員若しくは職員であつた者は、

その事務に関して知り得た本人確認情報に関する秘密又は本人確認情報の電子計算機処理等に関する秘密を漏らしてはならない。

2　市町村長若しくは都道府県知事から本人確認情報若しくは第三十条の六第一項の規定による通知に係る本人確認情報の電子計算機処理等の委託（二以上の段階にわたる委託を含む。）を受けた者若しくはその役員若しくは職員又はこれらの者であつた者は、その委託された業務に関して知り得た本人確認情報に関する秘密又は本人確認情報の電子計算機処理等に関する秘密を漏らしてはならない。

3　機構の役員若しくは職員（地方公共団体情報システム機構法（平成二十五年法律第二十九号）第二十五条第一項に規定する本人確認情報保護委員会の委員員を含む。）又はこれらの職にあつた者は、本人確認情報処理事務に関して知り得た秘密を漏らしてはならない。

4　機構から第三十条の七第一項の規定による通知に係る本人確認情報の電子計算機処理等の委託（二以上の段階にわたる委託を含む。）を受けた者若しくはその役員若しくは職員又はこれらの者であつた者は、その委託された業務に関して知り得た本人確認情報に関する秘密又は本人確認情報の電子計算機処理等に関する秘密を漏らしてはならない。

（本人確認情報に係る住民に関する記録の保護）

第三十条の二十七　都道府県知事の委託（二以上の段階にわたる委託を含む。）を受けて行う第三十条の六第一項の規定による通知に係る本人確認情報の電子計算機処理等に関する事務に従事している者又は従事していた者は、その事務に関して知り得た事項をみだりに他人に知らせ、又は不当な目的に使用してはならない。

2　機構の委託（二以上の段階にわたる委託を含む。）を受けて行う第三十条の七第一項の規定による通知に係る本人確認情報の電子計算機処理等に関する事務に従事している者又は従事していた者は、その事務に関して知り得た事項をみだりに他人に知らせ、又は不当な目的に使用してはならない。

（受領者等による本人確認情報等の安全確保）

第三十条の二十八　第三十条の九、第三十条の十から第三十条の十四まで若しくは第三十条の十五第二項の規定により本人確認情報の提供を受けた市町村長その他の市町村の執行機関、都道府県知事その他の都道府県の執行機関若しくは別表第一の上欄に掲げる国の機関若しくは法人又は第三十条の九の二の規定により住民票コードの提供を受けた総務省（以下「受領者」という。）がこれらの規定により提供を受けた本人確認情報又は住民票コード（以下「受領した本人確認情報等」という。）の電子計算機処理等を行うに当たつては、受領者は、受領した本人確認情報等の漏えい、滅失及び毀損の防止その他の当該受領した本人確認情報等の適切な管理のために必要な措置を講じなければならない。

2　前項の規定は、受領者から受領した本人確認情報等の電子計算機処理等の委託（二以上の段階にわたる委託を含む。）を受けた者が受託した業務を行う場合について準用する。

（受領者の本人確認情報等の利用及び提供の制限）

第三十条の二十九　受領者は、その者が処理する事務であつてこの法律の定めるところにより当該事務の処理に関し本人確認情報等（本人確認情報又は住民票コードをいう。次条第二項及び第三項において同じ。）の提供を求めることができることとされているものの遂行に必要な範囲内で、受領した本人確認情報等を利用し、又は提供するものとし、当該事務の処理以外の目的のために受領した本人確認情報等の全部又は一部を利用し、又は提供してはならない。

（本人確認情報等の電子計算機処理等に従事する受領者の職員等の秘密保持義務）

第三十条の三十 第三十条の十から第三十条の十四まで又は第三十条の十五第二項の規定により市町村長その他の市町村の執行機関又は都道府県知事その他の都道府県の執行機関が提供を受けた本人確認情報の電子計算機処理等に関する事務に従事する市町村又は都道府県の職員又は職員であつた者は、その事務に関して知り得た本人確認情報の電子計算機処理等に関する秘密又は本人確認情報の電子計算機処理等に関する秘密を漏らしてはならない。

2 第三十条の九又は第三十条の九の二

の規定により別表第一の上欄に掲げる国の機関若しくは法人又は総務省が提供を受けた本人確認情報等の電子計算機処理等に関する事務に従事する同欄に掲げる国の機関の職員若しくは職員であつた者、同欄に掲げる法人の役員若しくは職員若しくはこれらの職にあつた者又は総務省の職員若しくは職員であつた者は、その事務に関して知り得た本人確認情報等に関する秘密又は本人確認情報等の電子計算機処理等に関する秘密を漏らしてはならない。

3　受領者から受領した本人確認情報等の電子計算機処理等の委託（二以上の段階にわたる委託を含む。）を受けた者若しくはその役員若しくは職員又はこれらの者であつた者は、その委託された業務に関して知り得た本人確認情報等に関する秘密又は本人確認情報等の電子計算機処理等に関する秘密を漏らしてはならない。

（受領した本人確認情報等に係る住民に関する記録の保護）

第三十条の三十一　受領者の委託（二以上の段階にわたる委託を含む。）を受けて行う受領した本人確認情報等の電子計算機処理等に関する事務に従事している者又は従事していた者は、その事務に関して知り得た事項をみだりに他人に知らせ、又は不当な目的に使用してはならない。

（自己の本人確認情報の開示）

第三十条の三十二 何人も、都道府県知事又は機構に対し、第三十条の六第三項又は第三十条の七第三項の規定により磁気ディスクに記録されている自己に係る本人確認情報について、書面により、その開示（自己に係る本人確認情報が存在しないときにその旨を知らせることを含む。以下同じ。）を請求することができる。

2 都道府県知事又は機構は、前項の開示の請求（以下この項及び次条第一項において「開示請求」という。）があつたときは、開示請求をした者（以下この項及び次条第二項において「開示請求者」という。）に対し、書面により、当該開示請求に係る本人確認情報について開示をしなければならない。ただし、開示請求者の同意があるときは、書面以外の方法により開示をすることができる。

（開示の期限）

第三十条の三十三 前条第二項の規定による開示は、開示請求を受理した日から起算して三十日以内にしなければならない。

2 都道府県知事又は機構は、事務処理上の困難その他正当な理由により前項に規定する期間内に開示をすることができないときは、同項に規定する期間内に、開示請求者に対し、同項の期間内に開示をすることができない理由及び開示の期限を書面により通知しなければならない。

（開示の手数料）

第三十条の三十四 第三十条の三十二第一項の規定により機構に対し自己に係る本人確認情報の開示を請求する者は、機構が総務大臣の認可を受けて定める額の手数料を納めなければならない。

（自己の本人確認情報の訂正）

第三十条の三十五 都道府県知事又は機構は、第三十条の三十二第二項の規定により開示を受けた者から、書面により、開示に係る本人確認情報についてその内容の全部又は一部の訂正、追加又は削除の申出があつたときは、遅滞なく調査を行い、その結果を当該申出をした者に対し、書面で通知するものとする。

（苦情処理）

第三十条の三十六 都道府県知事又は機構は、この法律の規定により都道府県が処理する事務又は機構が行う本人確認情報処理事務の実施に関する苦情の適切かつ迅速な処理に努めなければならない。

（住民票コードの告知要求制限）

第三十条の三十七 市町村長は、この法律の規定による事務の遂行のため必要がある場合を除き、何人に対しても、当該市町村の住民以外の者に係る住民票に記載された住民票コードを告知することを求めてはならない。

2　都道府県知事は、この法律の規定による事務の遂行のため必要がある場合を除き、何人に対しても、その者又はその者以外の者に係る住民票に記載された住民票コードを告知することを求めてはならない。

3　機構は、本人確認情報処理事務の遂行のため必要がある場合を除き、何人に対しても、その者又はその者以外の者に係る住民票に記載された住民票コードを告知することを求めてはならない。

4　総務省は、その処理する事務であつてこの法律の定めるところにより当該事務の処理に関し住民票コードの提供を求めることができることとされているものの遂行のため必要がある場合を除き、何人に対しても、その者又はその者以外の者に係る住民票に記載された住民票コードを告知することを求めてはならない。

（住民票コードの利用制限等）

第三十条の三十八　市町村長、都道府県知事、機構又は総務省（以下この条において「市町村長等」という。）以外の者は、何人も、自己と同一の世帯に属する者以外の者（以下この条において「第三者」という。）に対し、当該第三者又は当該第三者以外の者に係る住民票に記載された住民票コードを告知することを求めてはならない。

2　市町村長等以外の者は、何人も、その者が業として行う行為に関し、その者に対し売買、貸借、雇用その他の契約（以下この項において「契約」という。）の申込みをしようとする第三者若しくは申込みをする第三者又はその者と契約の締結をした第三者に対し、当該第三者又は当該第三者以外の者に係る住民票に記載された住民票コードを告知することを求めてはならない。

3　市町村長等以外の者は、何人も、業として、住民票コードの記録されたデータベース（第三者に係る住民票に記載された住民票コードを含む当該第三者に関する情報の集合物であつて、それらの情報を電子計算機を用いて検索することができるように体系的に構成したものをいう。以下この項において同じ。）であつて、当該データベースに記録された情報が他に提供されることが予定されているものを構成してはならない。

4　都道府県知事は、前二項の規定に違反する行為が行われた場合において、当該行為をした者が更に反復してこれらの規定に違反する行為をするおそれがあると認めるときは、当該行為をした者に対し、当該行為を中止することを勧告し、又は当該行為が中止されることを確保するために必要な措置を講ずることを勧告することができる。

5　都道府県知事は、前項の規定による勧告を受けた者がその勧告に従わないときは、第三十条の四十第一項に規定する都道府県の審議会の意見を聴いて、その者に対し、期限を定めて、当該勧告に従うべきことを命ずることができる。

（報告及び検査）

第三十条の三十九　都道府県知事は、前条第四項又は第五項の規定による措置に関し必要があると認めるときは、その必要と認められる範囲内において、同条第二項又は第三項の規定に違反していると認めるに足りる相当の理由がある者に対し、必要な事項に関し報告を求め、又はその職員に、これらの規定に違反していると認めるに足りる相当の理由がある者の事務所若しくは事業所に立ち入り、帳簿、書類その他の物件を検査させることができる。

2　前項の規定により立入検査をする職員は、その身分を示す証明書を携帯し、関係人の請求があつたときは、これを提示しなければならない。

3　第一項の規定による立入検査の権限は、犯罪捜査のために認められたものと解釈してはならない。

（都道府県の審議会の設置）

第三十条の四十　都道府県に、第三十条の六第一項の規定による通知に係る本人確認情報の保護に関する審議会（以下この条において「都道府県の審議会」という。）を置く。

2　都道府県の審議会は、この法律の規定によりその権限に属させられた事項を調査審議するほか、都道府県知事の諮問に応じ、当該都道府県における第三十条の六第一項の規定による通知に係る本人確認情報の保護に関する事項を調査審議し、及びこれらの事項に関して都道府県知事に建議することができる。

3　都道府県の審議会の組織及び運営に関し必要な事項は、条例で定める。

第三十条の四十一から第三十条の四十四まで　削除

第六章　氏に変更があつた者に関する特例

（氏に変更があつた者に係る住民票の記載事項の特例）

第三十条の十三　氏に変更があつた者に係る住民票の法第七条第十四号に規定する政令で定める事項は、第六条の二に定めるもののほか、その者が次条第

第二十五条から第四十一条まで　削除

一項又は第三項の規定により住民票への記載を請求した一の旧氏（その者が過去に称していた氏であつて、その者に係る戸籍又は除かれた戸籍に記載又は記録がされているものをいう。同条において同じ。）とする。

（氏に変更があつた者の旧氏の住民票への記載等）

第三十条の十四　氏に変更があつた者（住民票に旧氏の記載がされている者（以下この条において「旧氏記載者」という。）を除く。）は、住民票に旧氏の記載を求めようとするときは、住民票に記載を求める旧氏その他総務省令で定める事項を記載した請求書に当該旧氏がその者の旧氏であることを証する戸籍謄本等（戸籍法（昭和二十二年法律第二百二十四号）第十条第一項に規定する戸籍謄本等をいう。第三項において同じ。）その他総務省令で定める書面を添付して、その者が記録されている住民基本台帳を備える市町村の市町村長（同項及び第四項において「住所地市町村長」という。）に提出しなければならない。この場合において、その者に係る住民票に旧氏の記載がされたことがあるときは、その者に係る

（旧氏の記載、変更及び削除に係る請求書の記載事項）

第四十二条　令第三十条の十四第一項、第三項及び第四項に規定する総務省令で定める事項は、氏名、住所並びに住民票コード又は出生の年月日及び男女の別とする。

（旧氏の記載及び変更に係る請求書の提出の際に添付する書類）

第四十三条　令第三十条の十四第一項及び第三項に規定する総務省令で定める書面は、戸籍法第十二条の二に規定する除籍謄本等とする。

（旧氏記載者に関する読替え）

第四十四条　令第三十条の十四第一項に規定する旧氏記載者に係る第十一条の規定の適用については、同条第三項第二号中「次に掲げる氏名」とあるのは「次に掲げる氏名及び令第三十条の十

住民票に記載がされていた旧氏が最後に削除された日以後に称していた旧氏に限り、住民票に旧氏の記載を求めることができる。

2　市町村長は、次の各号に掲げる場合において、氏に変更があつた者に係る住民票の記載をするときは、当該各号に定める旧氏をその者に係る住民票に記載をしなければならない。

一　氏に変更があつた者がその者の旧氏が記載された転出証明書を添えて転入届をした場合　当該旧氏

二　氏に変更があつた者が最初の転入届又は最初の世帯員に関する転入届をした場合において、法第二十四条の二第四項の規定によりその者の旧氏が通知されたとき　当該旧氏

3　旧氏記載者は、氏に変更があつた場合には、当該旧氏記載者に係る住民票に記載がされている旧氏を当該変更の直前に称していた旧氏に変更することを求めることができる。この場合においては、当該旧氏その他総務省令で定める事項を記載した請求書に氏に変更があつたこと及び当該旧氏を当該変更の直前に称していたことを証する戸籍謄本等その他総務省令で定める書面を添付して、住所地市町村長に提出しな

三に規定する旧氏（以下この号において「旧氏」という。）」と、同号ロ及びト中「氏名」とあるのは「氏名及び旧氏」とする。

ければならない。
4　旧氏記載者は、当該旧氏記載者に係る住民票に記載がされている旧氏の削除を求めようとするときは、住所地市町村長に、その削除を求める旨その他総務省令で定める事項を記載した請求書を提出しなければならない。
5　法第二十七条第二項及び第三項の規定は、第一項及び前二項の請求について準用する。
6　旧氏記載者に係る法及びこの政令の規定の適用については、次の表の上欄に掲げる規定中同表の中欄に掲げる字句は、それぞれ同表の下欄に掲げる字句とする。
（略）
7　氏に変更があつた者に係る除票に旧氏の記載（法第十五条の二第二項の規定により磁気ディスクをもつて調製する除票にあつては、記録。第三十条の十六第八項において同じ。）がされている場合における法の規定の適用については、次の表の上欄に掲げる法の規定中同表の中欄に掲げる字句は、それぞれ同表の下欄に掲げる字句とする。
（略）

第四章の三　外国人住民に関する特例

（外国人住民に係る住民票の記載事項の特例）

第三十条の四十五　日本の国籍を有しない者のうち次の表の上欄に掲げるものであつて市町村の区域内に住所を有するもの（以下「外国人住民」という。）に係る住民票には、第七条の規定にかかわらず、同条各号（第五号、第六号及び第九号を除く。）に掲げる事項、国籍等（国籍の属する国又は出入国管理及び難民認定法（昭和二十六年政令第三百十九号。以下この章において「入管法」という。）第二条第五号ロに規定する地域をいう。以下同じ。）、外国人住民となつた年月日（外国人住民が同表の上欄に掲げる者となつた年月日又は住民となつた年月日のうち、いずれか遅い年月日をいう。以下同じ。）及び同表の上欄に掲げる者の区分に応じそれぞれ同表の下欄に掲げる事項について記載をする。

中長期在留者（入管法第十九条の	一　中長期在留者である旨 二　入管法第十九条の三

第七章　外国人住民に関する特例

（外国人住民に係る住民票に通称が記載されている場合の読替え） 移動

第四十六条　法第三十条の四十五に規定する外国人住民（以下「外国人住民」という。）に係る住民票に通称が記載されている場合における第十一条の規定の適用については、同条第三項第二号中「次に掲げる氏名」とあるのは「次に掲げる氏名及び令第三十条の十六第一項に規定する通称（以下この号において「通称」という。）」と、同号ロ及びト中「氏名」とあるのは「氏名及び通称」とする。

（在留カードに代わる書類等） 移動

第四十七条　法第三十条の四十五に規定する総務省令で定める場合は、出入国管理及び難民認定法及び日本国との平和条約に基づき日本の国籍を離脱した者等の出入国管理に関する特例法の一部を改正する等の法律（平成二十一年法律第七十九号。次項において「入管法等改正法」という。）附則第七条第一項に規定する出入国在留管理庁長官が中長期在留者（出入国管理及び難民

三に規定する中長期在留者をいう。以下この表において同じ。）	（略）
に規定する在留カード（総務省令で定める場合にあっては、総務省令で定める書類）に記載されている在留資格、在留期間及び在留期間の満了の日並びに在留カードの番号	（略）

（外国人住民に係る住民票の記載事項の特例）

第三十条の十五　外国人住民に係る住民票の法第七条第十四号に規定する政令で定める事項は、第六条の二に定めるもののほか、次に掲げる事項とする。

一　次条第一項に規定する通称

二　第三十条の十七第一項に規定する通称の記載及び削除に関する事項

（外国人住民の通称の住民票への記載等）

第三十条の十六　外国人住民は、住民票に通称（氏名以外の呼称であつて、国内における社会生活上通用していること

認定法（昭和二十六年政令第三百十九号。以下この項において「入管法」という。）第十九条の三に規定する中長期在留者をいう。）に対し、出入国港において在留カード（入管法第十九条の三に規定する在留カードをいう。次項において同じ。）を交付することができない場合とする。

2　法第三十条の四十五に規定する総務省令で定める書類は、入管法等改正法附則第七条第一項の規定により、後日在留カードを交付する旨の記載がされた旅券とする。

（通称の記載及び削除に係る申出書の記載事項）

第四十五条　令第三十条の十六第一項に規定する総務省令で定める事項は、氏名、住所並びに住民票コード又は出生

とその他の事由により居住関係の公証のために住民票に記載をすることが必要であると認められるものをいう。以下この条及び次条第一項において同じ。）の記載を求めようとするときは、その者が記録されている住民基本台帳を備える市町村の市町村長（以下この条及び同項において「住所地市町村長」という。）に、通称として記載を求める呼称その他総務省令で定める事項を記載した申出書を提出するとともに、当該呼称が居住関係の公証のために住民票に記載がされることが必要であることを証するに足りる資料を提示しなければならない。

2　住所地市町村長は、前項の規定による申出書の提出があつた場合において、同項に規定する当該呼称を住民票に記載をすることが居住関係の公証のために必要であると認められるときは、これを当該外国人住民に係る住民票に通称として記載をしなければならない。

3　市町村長は、次の各号に掲げる場合において、外国人住民に係る住民票の記載をするときは、当該各号に定める通称を当該外国人住民に係る住民票に記載をしなければならない。

一　外国人住民が当該外国人住民の通称が記載された転出証明書を添えて

の年月日及び男女の別並びに令第三十条の十六第一項に規定する通称（以下「通称」という。）として記載を求める呼称が国内における社会生活上通用していることその他の居住関係の公証のために住民票に記載されることが必要であると認められる事由の説明とする。

転入届をした場合　当該通称

二　外国人住民が最初の転入届又は最初の世帯員に関する転入届をした場合において、法第二十四条の二第四項の規定により当該外国人住民の通称が通知されたとき　当該通称

4　外国人住民は、当該外国人住民に係る住民票に当該外国人住民の通称の記載がされている場合において、当該通称の削除を求めようとするときは、住所地市町村長に、その削除を求める旨その他総務省令で定める事項を記載した申出書を提出しなければならない。この場合において、住所地市町村長は、当該通称を削除しなければならない。

5　住所地市町村長は、外国人住民に係る住民票に当該外国人住民の通称の記載がされている場合において、当該通称を住民票に記載をしておくことが居住関係の公証のために必要であると認められなくなつたときは、当該通称を削除するとともに、その旨を当該削除に係る外国人住民に通知しなければならない。この場合において、通知を受けるべき外国人住民の住所及び居所が明らかでないときその他通知をすることが困難であると認めるときは、その通知に代えて、その旨を公示すること

2　令第三十条の十六第四項に規定する総務省令で定める事項は、氏名、住所並びに住民票コード又は出生の年月日及び男女の別とする。

ができる。

6　法第二十七条第二項及び第三項の規定は、第一項及び第四項の申出について準用する。

7　外国人住民に係る住民票に通称の記載がされている場合における法及びこの政令の規定の適用については、次の表の上欄に掲げる規定中同表の中欄に掲げる字句は、それぞれ同表の下欄に掲げる字句とする。

（略）

8　外国人住民に係る除票に通称の記載がされている場合における法の規定の適用については、次の表の上欄に掲げる法の規定中同表の中欄に掲げる字句は、それぞれ同表の下欄に掲げる字句とする。

（略）

（外国人住民の通称の記載及び削除に関する事項の住民票への記載等）

第三十条の十七　住所地市町村長は、次の各号に掲げる場合には、当該各号に定める事項（次項及び第三項において「通称の記載及び削除に関する事項」という。）を当該外国人住民に係る住民票に記載をしなければならない。

一　外国人住民に係る住民票に通称の

記載をした場合（前条第三項の規定による場合を除く。） 当該通称の記載をした市町村名（特別区にあっては、区名。次号において同じ。）及び年月日

二 外国人住民に係る住民票に記載がされている通称を削除した場合 当該通称並びに当該通称を削除した市町村名及び年月日

2 市町村長は、次の各号に掲げる場合において、外国人住民に係る住民票の記載をするときは、当該各号に定める通称の記載及び削除に関する事項を当該外国人住民に係る住民票に記載をしなければならない。

一 外国人住民が当該外国人住民の通称の記載及び削除に関する事項が記載された転出証明書を添えて転入届をした場合 当該通称の記載及び削除に関する事項

二 外国人住民が最初の転入届又は最初の世帯員に関する転入届をした場合において、法第二十四条の二第四項の規定により当該外国人住民の通称の記載及び削除に関する事項が通知されたとき 当該通称の記載及び削除に関する事項

3 外国人住民に係る住民票に通称の記

（中長期在留者等が住所を定めた場合の転入届の特例）

第三十条の四十六 前条の表の上欄に掲げる者（出生による経過滞在者又は国籍喪失による経過滞在者を除く。以下この条及び次条において「中長期在留者等」という。）が国外から転入をした場合（これに準ずる場合として総務

載及び削除に関する事項の記載がされている場合における第三十条の二十一の規定により読み替えて適用される第二十三条第二項及び第二十四条の三の規定の適用については、第三十条の二十一の規定により読み替えて適用される第二十三条第二項中「並びに同条の表の下欄に掲げる事項」とあるのは「、同条の表の下欄に掲げる事項並びに通称の記載及び削除に関する事項（第三十条の十七第一項に規定する通称の記載及び削除に関する事項をいう。第二十四条の三において同じ。）」と、第三十条の二十一の規定により読み替えて適用される第二十四条の三中「並びに同条の表の下欄に掲げる事項」とあるのは「、同条の表の下欄に掲げる事項並びに通称の記載及び削除に関する事項」とする。

（中長期在留者等が住所を定めた場合の転入届の特例）

第四十八条 法第三十条の四十六に規定する総務省令で定める場合は、次に掲げる場合とする。

一 法第三十条の四十六に規定する中長期在留者等で、住民基本台帳に記録されていないものが新たに市町村

省令で定める場合を含む。）には、当該中長期在留者等は、第二十二条の規定にかかわらず、転入をした日から十四日以内に、同条第一項第一号、第二号及び第五号に掲げる事項、出生の年月日、男女の別、国籍等、外国人住民となつた年月日並びに同表の上欄に掲げる者の区分に応じそれぞれ同表の下欄に掲げる事項を市町村長に届け出なければならない。この場合において、当該中長期在留者等は、市町村長に対し、同表の上欄に掲げる者の区分に応じそれぞれ同表の下欄に規定する在留カード、特別永住者証明書又は仮滞在許可書（一時庇護許可者にあつては、入管法第十八条の二第三項に規定する一時庇護許可書）を提示しなければならない。

（住所を有する者が中長期在留者等となつた場合の届出）

第三十条の四十七　日本の国籍を有しない者（第三十条の四十五の表の上欄に掲げる者を除く。）で市町村の区域内に住所を有するものが中長期在留者等となつた場合には、当該中長期在留者等となつた者は、中長期在留者等となつた日から十四日以内に、第二十二条

の区域内に住所を定めた場合

二　日本の国籍を有しない者（法第三十条の四十五の表の上欄に掲げる者を除く。）で、住民基本台帳に記録されていないものが法第三十条の四十六に規定する中長期在留者等となつた後に転入をした場合

第一項第一号、第二号及び第五号に掲げる事項、出生の年月日、男女の別、国籍等、外国人住民となつた年月日並びに同表の上欄に掲げる者の区分に応じそれぞれ同表の下欄に掲げる事項を市町村長に届け出なければならない。この場合においては、前条後段の規定を準用する。

（外国人住民の世帯主との続柄の変更の届出）

第三十条の四十八 第二十二条第一項、第二十三条、第二十五条及び前二条の場合を除くほか、世帯主でない外国人住民であつてその世帯主（外国人住民であるものに限る。）との続柄に変更があつたものは、その変更があつた日から十四日以内に、世帯主との続柄を証する文書を添えて、その氏名、世帯主との続柄及び変更があつた年月日を市町村長に届け出なければならない。ただし、政令で定める場合にあつては、この限りでない。

（外国人住民の世帯主との続柄を証する文書の提出）

第三十条の四十九 世帯主でない外国人住民であつてその世帯主が外国人住民

（外国人住民の世帯主との続柄の変更の届出を要しない場合）

第三十条の十八 法第三十条の四十八ただし書に規定する政令で定める場合は、次に掲げる場合とする。

一　世帯主でない外国人住民とその世帯主（外国人住民であるものに限る。次号及び次条において同じ。）との親族関係に変更がない場合

二　世帯主でない外国人住民とその世帯主との親族関係の変更に係る戸籍に関する届書、申請書その他の書類が市町村長に受理されている場合

（外国人住民の世帯主との続柄を証する文書の提出を要しない場合）

第三十条の十九 法第三十条の四十九ただし書に規定する政令で定める場合は、

（外国語で作成した文書への訳文の添付）

第四十九条 法第三十条の四十八又は第三十条の四十九に規定する世帯主との続柄を証する文書で外国語によって作成されたものについては、翻訳者を明らかにした訳文を添付しなければならない。

であるものは、第二十二条第一項、第二十三条、第二十五条、第三十条の四十六又は第三十条の四十七の規定による届出をするときは、世帯主との続柄を証する文書を添えて、これらの規定に規定する届出をしなければならない。ただし、政令で定める場合にあつては、この限りでない。

次に掲げる場合とする。
一 世帯主でない外国人住民とその世帯主との間に親族関係がない場合
二 世帯主でない外国人住民がその世帯主に関する転出届に併せて転出届をした場合において、当該世帯主でない外国人住民が当該世帯主に関する転入届に併せて転入届をするとき（当該世帯主が世帯主となる場合に限る。）。
三 世帯主でない外国人住民がその世帯主に関する転居届に併せて転居届をする場合（当該世帯主が世帯主となる場合に限る。）
四 前三号に掲げる場合のほか、世帯主でない外国人住民がその世帯に属する他の外国人住民に関する転入届又は転居届に併せて転入届又は転居届をする場合（当該他の外国人住民が世帯主となる場合に限る。）その他総務省令で定める場合において、世帯主でない外国人住民とその世帯主との親族関係を確認することができると市町村長が認めるとき。

（外国人住民の世帯主との続柄を証する文書の提出を要しない場合）

第五十条 令第三十条の十九第四号の総務省令で定める場合は、次に掲げる場合とする。
一 世帯主でない外国人住民が法第二十五条の規定による届出をする場合
二 令第八条、第八条の二、第十条又は第十二条第三項の規定により消除された住民票、戸籍に関する届書、申請書その他の書類又は法第九条第二項の規定による通知に係る書面その他の世帯主でない外国人住民とその世帯主との親族関係を明らかにす

（外国人住民に係る住民票の記載の修正等のための出入国在留管理庁長官からの通知）

第三十条の五十　出入国在留管理庁長官は、入管法及び入管特例法に定める事務を管理し、又は執行するに当たつて、外国人住民についての第七条第一号から第三号までに掲げる事項、国籍等又は第三十条の四十五の表の下欄に掲げる事項に変更があつたこと又は誤りがあることを知つたときは、遅滞なく、その旨を当該外国人住民が記録されている住民基本台帳を備える市町村の市町村長に通知しなければならない。

（外国人住民についての適用の特例）

第三十条の五十一　外国人住民に係る次の表の上欄に掲げる規定の適用については、これらの規定中同表の中欄に掲げる字句は、それぞれ同表の下欄に掲げる字句とする。

（略）

第五章　雑則

（国又は都道府県の指導等）

（外国人住民に係る住民票の記載の修正等のための出入国在留管理庁長官からの通知の方法）

第三十条の二十　法第三十条の五十の規定による通知は、出入国在留管理庁長官の使用に係る電子計算機から電気通信回線を通じて出入国在留管理庁長官が市町村長に使用させる電子計算機に送信する方法その他の**総務省令・法務省令**で定める方法により行うものとする。

（外国人住民についての適用の特例）

第三十条の二十一　外国人住民に係る次の表の上欄に掲げる規定の適用については、これらの規定中同表の中欄に掲げる字句は、それぞれ同表の下欄に掲げる字句とする。

（略）

第八章　雑則

ることができる書類を住所地市町村長が保存している場合

第三十一条 国は都道府県及び市町村に対し、都道府県は市町村に対し、この法律の目的を達成するため、この法律の規定により都道府県又は市町村が処理する事務について、必要な指導を行うものとする。

2 主務大臣は都道府県知事又は市町村長に対し、都道府県知事は市町村長に対し、前項の事務に関し必要があると認めるときは、報告を求め、又は助言若しくは勧告をすることができる。

3 主務大臣は、前項の規定による助言又は勧告をしようとするときは、国民健康保険の被保険者、後期高齢者医療の被保険者、介護保険の被保険者、国民年金の被保険者及び児童手当の支給を受けている者に関する事項については厚生労働大臣、米穀の配給を受ける者に関する事項については農林水産大臣に協議するものとする。

4 都道府県知事は主務大臣に対し、市町村長は主務大臣又は都道府県知事に対し、第二項の規定による助言又は勧告を求めることができる。

(行政手続法の適用除外)

第三十二条 この法律の規定により市町村長がする処分については、行政手続法(平成五年法律第八十八号)第二章及び第三章の規定は、適用しない。

（関係市町村長の意見が異なる場合の措置）

第三十三条 市町村長は、住民の住所の認定について他の市町村長と意見を異にし、その協議がととのわないときは、都道府県知事（関係市町村が二以上の都道府県の区域内の市町村である場合には、主務大臣）に対し、その決定を求める旨を申し出なければならない。

2 主務大臣又は都道府県知事は、前項の申出を受けた場合には、その申出を受けた日から六十日以内に決定をしなければならない。

3 前項の決定は、文書をもつてし、その理由を附して関係市町村長に通知しなければならない。

4 関係市町村長は、第二項の決定に不服があるときは、前項の通知を受けた日から三十日以内に裁判所に出訴することができる。

（調査）

第三十四条 市町村長は、定期に、第七条及び第三十条の四十五の規定により記載をすべきものとされる事項について調査をするものとする。

2 市町村長は、前項に定める場合のほ

か、必要があると認めるときは、いつでも第七条及び第三十条の四十五の規定により記載をすべきものとされる事項について調査をすることができる。

3　市町村長は、前二項の調査に当たり、必要があると認めるときは、当該職員をして、関係人に対し、質問をさせ、又は文書の提示を求めさせることができる。

4　当該職員は、前項の規定により質問をし、又は文書の提示を求める場合には、その身分を示す証明書を携帯し、関係人の請求があつたときは、これを提示しなければならない。

（秘密を守る義務）

第三十五条　住民基本台帳に関する調査に関する事務に従事している者又は従事していた者は、その事務に関して知り得た秘密を漏らしてはならない。

（住民に関する記録の保護）

第三十六条　市町村長の委託（二以上の段階にわたる委託を含む。）を受けて行う住民基本台帳又は戸籍の附票に関する事務の処理に従事している者又は従事していた者は、その事務に関して知り得た事項をみだりに他人に知らせ、又は不当な目的に使用してはならない。

（住民票に記載されている事項の安全確保等）

第三十六条の二　市町村長は、住民基本台帳又は戸籍の附票に関する事務の処理に当たつては、住民票、除票、戸籍の附票又は戸籍の附票の除票に記載されている事項の漏えい、滅失及び毀損の防止その他の住民票、除票、戸籍の附票又は戸籍の附票の除票に記載されている事項の適切な管理のために必要な措置を講じなければならない。

2　前項の規定は、市町村長から住民基本台帳又は戸籍の附票に関する事務の処理の委託（二以上の段階にわたる委託を含む。）を受けた者が受託した業務を行う場合について準用する。

（苦情処理）

第三十六条の三　市町村長は、この法律の規定により市町村が処理する事務の実施に関する苦情の適切かつ迅速な処理に努めなければならない。

（資料の提供）

第三十七条　国の行政機関又は都道府県知事は、それぞれの所掌事務について必要があるときは、市町村長に対し、住民基本台帳に記録されている事項又は除票に記載されている事項に関して資料の提供を求めることができる。

2　国の行政機関は、その所掌事務について必要があるときは、都道府県知事又は機構に対し、それぞれ都道府県知事保存本人確認情報又は機構保存本人確認情報に関して資料の提供を求めることができる。

（指定都市の特例）

第三十八条　地方自治法第二百五十二条の十九第一項の指定都市（以下「指定都市」という。）に対するこの法律の規定で政令で定めるものの適用については、区及び総合区を市と、区の区域及び総合区の区域を市の区域と、区長及び総合区長を市長とみなす。

（指定都市の区及び総合区に対する法の適用）

第三十一条　法第三十八条第一項に規定する政令で定める法の規定は、法第六条第一項、第七条第八号、第九条第一項、第十条、第十一条の二、第十一条第三項、第十一条の二第三項、第四項及び第八項から第十二項まで、第十二条の二第三項から第六項まで、第十二条の二第三項及び第四項、第十二条の三第五項から第八項まで、第十五条第二項及び第三項、第十五条の二第一項、第十五条の三、第十五条の四第二項から第四項まで、第十六条第一項、第十七条の二第二項、第十九条第一項から第三項まで、第十九条の二、第二十一条第一項、第二十一条の三第二項から第四項まで、第二十二条から第二十四条まで、第二十五条、第二十七条第二項及び第三項、第三十条の三第一項及び第三項、第三十条の四第三項及び第四

2　前項に定めるもののほか、指定都市に対するこの法律の規定の適用については、政令で特別の定めをすることができる。

項、第三十条の四十五から第三十条の四十八まで並びに第三十四条並びに附則第四条第一項とする。

2　地方自治法（昭和二十二年法律第六十七号）第二百五十二条の十九第一項の指定都市（以下この項及び次条において「指定都市」という。）について法の規定を適用する場合には、次の表の上欄に掲げる法の規定中同表の中欄に掲げる字句は、それぞれ同表の下欄に掲げる字句とする。

（略）

（指定都市の区及び総合区に対するこの政令の適用）

第三十二条　指定都市においては、第六条の二から第十二条まで、第十三条第一項及び第二項、第十三条の二、第十四条、第十六条第一項、第十八条から第二十条まで、第二十三条第一項、第二十四条第一項、第三十条の二、第三十条の四、第三十条の十四第二項、第三十条の十六第三項、第三十条の十七第二項、第三十条の十八、第三十条の十九並びに第三十四条第一項並びに附則第三条、第五条及び第六条の規定中市又は市長に関する規定は、それぞれその市の区及び総合区又は区長及び総合区長に適用する。

（適用除外）

第三十九条　この法律は、日本の国籍を有しない者のうち第三十条の四十五の表の上欄に掲げる者以外のものその他政令で定める者については、適用しない。

（主務大臣）

第四十条　この法律において、主務大臣は、総務大臣とする。ただし、第九条第二項の規定による通知に関する事項及び第三章に規定する戸籍の附票に関する事項については、総務大臣及び法務大臣とする。

2　指定都市についてこの政令の規定を適用する場合には、次の表の上欄に掲げる規定中同表の中欄に掲げる字句は、それぞれ同表の下欄に掲げる字句とする。

（略）

（法を適用しない者）

第三十三条　法第三十九条に規定する政令で定める者は、戸籍法の適用を受けない者とする。

（保存）

第三十四条　市町村長は、除票又は戸籍の附票の除票を、これらに係る住民票又は戸籍の附票を消除し、又は改製した日から百五十年間保存するものとする。

2　市町村長は、法第三十条の六第一項

（市町村における本人確認情報の記録

の規定により通知した本人確認情報を、総務省令で定めるところにより磁気ディスクに記録し、これを次の各号に掲げる本人確認情報の区分に応じ、当該本人確認情報の通知の日から当該各号に定める日までの期間保存するものとする。

一　住民票の記載又は記載の修正を行つたことにより通知した本人確認情報　当該本人確認情報に係る者に係る新たな本人確認情報の通知をした日から起算して百五十年を経過する日

二　住民票の消除を行つたことにより通知した本人確認情報　当該本人確認情報の通知の日から起算して百五十年を経過する日

3　法及びこの政令に基づく届出書、通知書その他の書類は、その受理された日から一年間保存するものとする。

（本人確認情報の記録及び保存の方法）

第五十一条　令第三十四条第二項の規定による本人確認情報の記録及び保存は、電子計算機の操作によるものとし、磁気ディスクへの記録及びその保存の方法に関する技術的基準については、総務大臣が定める。

（情報通信技術活用法の適用）

第五十二条　法及び令の規定による申請等（情報通信技術を活用した行政の推進等に関する法律（平成十四年法律第百五十一号。以下この条において「情報通信技術活用法」という。）第三条第八号に規定する申請等をいう。以下この項において同じ。）について情報通信技術活用法第六条第六項の規定を適用する場合における同項に規定する主務省令で定める場合は、申請等をする者について対面により本人確認をする必要があり、かつ、申請等に係る書面等（情報通信技術活用法第三条第五号に規定する書面等をいう。次項において同じ。）のうちにその原本を確認する必要があるものがある場合とし、当該場合に該当する申請等は、法第二十二条第一項、第二十三条、第二十四条（法第二十四条の二第一項本文及び第二項本文の規定の適用を受ける場合を除く。）、第二十五条、第三十条の四第一項及び第三十条の四十六から第三十条の四十八まで並びに令第三十条の十四第一項及び第三項並びに第三十条の十六第一項の規定による申請等とする。

2　法及び令の規定による処分通知等（情報通信技術活用法第三条第九号に規定する処分通知等をいう。以下この項において同じ。）について情報通信技術活用法第七条第五項の規定を適用する場合における同項に規定する主務省令で定める場合は、処分通知等を受ける者について対面により本人確認をする必要があり、かつ、処分通知等に係る書面等のうちにその原本を交付す

（政令への委任）

第四十一条 この法律の実施のための手続その他その施行に関し必要な事項は、政令で定める。

第六章 罰則

第四十二条 第三十条の二十六又は第三十条の三十の規定に違反して秘密を漏らした者は、二年以下の懲役又は百万円以下の罰金に処する。

第四十三条 次の各号のいずれかに該当する者は、一年以下の懲役又は五十万円以下の罰金に処する。

一 第三十条の三十八第五項の規定による命令に違反した者

二 次に掲げる者であつて、その事務に関して知り得た事項を自己又は第三者の不正な利益を図る目的で提供し、又は盗用したもの

イ 住民基本台帳又は戸籍の附票に関する事務に従事する市町村の職

（総務省令への委任）

第三十五条 この政令に定めるもののほか、法及びこの政令の実施のため必要な手続その他の事項は、総務省令で定める。

る必要があるものがある場合とし、当該場合に該当する処分通知等は、令第二十四条の規定による処分通知等とする。

員又は職員であつた者

ロ　市町村長の委託（二以上の段階にわたる委託を含む。）を受けて行う住民基本台帳又は戸籍の附票に関する事務の処理に従事している者又は従事していた者

ハ　第三十条の六第一項の規定による通知に係る本人確認情報の電子計算機処理等に関する事務に従事する都道府県の職員又は職員であつた者

ニ　都道府県知事の委託（二以上の段階にわたる委託を含む。）を受けて行う第三十条の六第一項の規定による通知に係る本人確認情報の電子計算機処理等に関する事務に従事している者又は従事していた者

ホ　本人確認情報の電子計算機処理等に関する事務に従事する機構の役員若しくは職員又はこれらの職にあつた者

ヘ　機構の委託（二以上の段階にわたる委託を含む。）を受けて行う第三十条の七第一項の規定による通知に係る本人確認情報の電子計算機処理等に関する事務に従事している者又は従事していた者

ト　受領した本人確認情報等の電子

計算機処理等に関する事務に従事する受領者の職員又は職員であった者

チ　受領者の委託（二以上の段階にわたる委託を含む。）を受けて行う受領した本人確認情報等の電子計算機処理等に関する事務に従事している者又は従事していた者

第四十四条　第三十五条の規定に違反して秘密を漏らした者は、一年以下の懲役又は三十万円以下の罰金に処する。

第四十五条　第十一条の二第九項又は第十項の規定による命令に違反した者は、六月以下の懲役又は三十万円以下の罰金に処する。

第四十六条　次の各号のいずれかに該当する者は、三十万円以下の罰金に処する。

一　第十一条の二第十一項若しくは第三十条の三十九第一項の規定による報告をせず、若しくは虚偽の報告をし、又は同項の規定による検査を拒み、妨げ、若しくは忌避した者

二　偽りその他不正の手段により、第十二条から第十二条の三まで（これらの規定を第三十条の五十一の規定

により読み替えて適用する場合を含む。）に規定する住民票の写し若しくは住民票記載事項証明書の交付を受け、第十二条の四（第三十条の五十一の規定により読み替えて適用する場合を含む。）に規定する住民票の写しの交付を受け、第十五条の四（第三十条の五十一の規定により読み替えて適用する場合を含む。）に規定する除票の写し若しくは除票記載事項証明書の交付を受け、第二十条に規定する戸籍の附票の写しの交付を受け、又は第二十一条の三に規定する戸籍の附票の除票の写しの交付を受けた者

第四十七条　次の各号のいずれかに該当するときは、その違反行為をした機構の役員又は職員は、三十万円以下の罰金に処する。

一　第三十条の十八の規定に違反して帳簿を備えず、帳簿に記載せず、若しくは帳簿に虚偽の記載をし、又は帳簿を保存しなかつたとき。

二　第三十条の二十第一項の規定による報告をせず、若しくは虚偽の報告をし、又は同項の規定による検査を拒み、妨げ、若しくは忌避したとき。

第四十八条 法人（法人でない団体で代表者又は管理人の定めのあるものを含む。以下この項において同じ。）の代表者若しくは管理人又は法人若しくは人の代理人、使用人その他の従事者が、その法人又は人の業務に関して第四十三条第一号、第四十五条又は第四十六条第一号の違反行為をしたときは、その行為者を罰するほか、その法人又は人に対し各本条の罰金刑を科する。

2 法人でない団体について前項の規定の適用がある場合には、その代表者又は管理人が、その訴訟行為につき法人でない団体を代表するほか、法人を被告人又は被疑者とする場合の刑事訴訟に関する法律の規定を準用する。

第四十九条 第三十四条第三項の規定による質問に対し、答弁をせず、若しくは虚偽の陳述をし、又は文書の提示を拒み、妨げ、忌避し、若しくは虚偽の文書を提示した者は、五万円以下の罰金に処する。

第五十条 偽りその他不正の手段により第十一条の二第一項の規定による住民基本台帳の一部の写しの閲覧をし、若しくはさせた者又は同条第七項の規定に違反して、当該閲覧事項を利用目的以外の目的のために利用し、若しくは当該閲覧事項に係る申出者、閲覧者、個人閲覧事項取扱者及び法人閲覧事項取扱者以外の者に提供した者は、三十万円以下の過料に処する。ただし、第四十五条の規定により刑を科すべきときは、この限りでない。

第五十一条 偽りその他不正の手段により第三十条の三十二第二項の規定による開示を受けた者は、十万円以下の過料に処する。

第五十二条 第二十二条から第二十四条まで、第二十五条又は第三十条の四十六から第三十条の四十八までの規定による届出に関し虚偽の届出（第二十八条から第三十条までの規定による付記を含む。）をした者は、他の法令の規定により刑を科すべき場合を除き、五万円以下の過料に処する。

2 正当な理由がなくて第二十二条から第二十四条まで、第二十五条又は第三十条の四十六から第三十条の四十八までの規定による届出をしない者は、五万円以下の過料に処する。

第五十三条 前三条の規定による過料についての裁判は、簡易裁判所がする。

住民行政の窓増刊号（通巻476号）

住民基本台帳法 関係法令対照表

令和２年１月10日 発 行

編集協力 市町村自治研究会
編　　者 住民行政の窓編集部
発 行 者 和　田　裕

発 行 所 日本加除出版株式会社
本　　社 郵便番号 171-8516
東京都豊島区南長崎３丁目16番６号
TEL（03）3953-5757（代表）
（03）3952-5759（編集）
FAX（03）3951-6612
URL www.kajo.co.jp

営 業 部 郵便番号 171-8516
東京都豊島区南長崎３丁目16番６号
TEL（03）3953-5642
FAX（03）3953-2061

組版・印刷 ㈱亨有堂印刷所／製本 藤田製本㈱

落丁本・乱丁本は本社でお取替えいたします。

ISBN 978-4-8178-4622-8
ISSN 1340-6612